中医健康绝学系列

U0748149

人本无病

行贵禅医悟语 2

释行贵 著

中国中医药出版社

·北京·

图书在版编目（CIP）数据

人本无病：行贵禅医悟语 2 / 释行贵著 . —北京：
中国中医药出版社，2018.2（2024.7重印）
（中医健康绝学系列）
ISBN 978-7-5132-4664-4

Ⅰ.①人… Ⅱ.①释… Ⅲ.①禅宗—养生（中医）
Ⅳ.① B946.5 ② R212

中国版本图书馆 CIP 数据核字 (2017) 第 308240 号

中国中医药出版社出版

北京经济技术开发区科创十三街 31 号院二区 8 号楼
邮政编码　100176
传真　010-64405721
廊坊市佳艺印务有限公司印刷
各地新华书店经销

开本 710×1000　1/16　印张 17.5　字数 179 千字
2018 年 2 月第 1 版　2024 年 7 月第 6 次印刷
书号　ISBN 978 - 7 - 5132 - 4664 - 4

定价　49.00 元
网址　www.cptcm.com

服务热线　010-64405510
购书热线　010-89535836
维权打假　010-64405753

微信服务号　zgzyycbs
微商城网址　https://kdt.im/LIdUGr
官方微博　http://e.weibo.com/cptcm
天猫旗舰店网址　https://zgzyycbs.tmall.com

如有印装质量问题请与本社出版部联系（010-64405510）

前　言

永远不要把自己当病人

自从我的第一本书《心乃大药》出版以来，得到了很多病人及普通百姓的认可。有些人看完了书，不远千里到我所在的佛光寺、古禅寺寻我；有些人说，看了一遍又一遍，看完后感觉以前为了些鸡毛蒜皮的小事情跟亲人争执真是不应该，现在家庭幸福多了；还有些人说，要把书当成传家宝，不仅自己看，孩子也要看，将来孙子也得看；还有很多人看完以后，明白了病是从哪里来的，学习到了书中一些治疗疾病的方法，身心都获得了健康。也经常会有人问：师傅，您什么时候出第二本书呢？

这不，第二本书就来了！

在这本书里，我首先给大家讲讲"让我得以新生的禅医"。1996年，我被发现患有结肠癌、子宫癌晚期，到现在已经21年了，我用禅医治好了自己的绝症。现在，我越活越精神，越活越年轻。平时，我经常出去讲课，做公益活动。另外，每月农历的初一、十五，我都会雷打不动地坐在寺里给大家解心事，看身病。一些徒弟、居士看到我这样，都会心疼地说："师傅，您要注意身体，多休息，可别累坏了身体！"我都会跟他们讲，工作就像给菩萨像擦拭一样，只会越擦越亮！

在解答大家所提问题的过程中，我发现有很多人对禅医非常感兴趣，于是，我萌生了系统地给大家讲禅医的想法。2016年春，我开了一个班，给大家讲了"禅"就是"阴阳、五行、经络、人与自然、静松感知、精气神、天人相应"等，效果非常好。于是，在本书里，我把自己有着切身感受，并且从中受益匪浅的"禅"的体会讲一讲，希望解一解大家对禅医的渴望。

禅是"大定"！只有修行到在不同环境之中都不会生起"分别之心"，不让好、坏、美、丑牵着自己的心走，身心清净无染，才能活在快乐之中。

"禅"是什么？

——禅是佛的心！是佛的灵魂！

那"佛"是什么？

——佛是大彻大悟了宇宙人生真相的智慧者！

中国文字是智慧的密码，在"觉悟"两个字中，"觉"字上面的宝盖头的三点，分别代表着"精、气、神"，三点亦是道。道生一，一生二，二生三，三生万物。三点还代表着"天、地、人"，人离开空气不能存活，离开大地万物无法生存。三点也代表着水，万物离开水不能活，正所谓"上善若水"。"觉"字下面是个"见"字，意思就是做人要看到上面说的事迹。人是宇宙万物之灵，不管遇到什么样的环境，都要做到"心性像水一样清净无染，通明透彻，善利万物而不争"。

"悟"，左边是竖心旁，右边是吾，意思是说"我要见到我的心"。可是，心在哪里？其实，此处所说的"心"，不是人体左胸内搏动的肉团心，而是能让肉团心跳动的"真心"，只有见到"真心"，才能了解自己，认识自己。只有这样，我们才能为家庭幸福、祖国强大而用心活着，才能获得社会认可，让你的祖先、父母、妻子、孩子为之骄傲。

人为万物之灵，天下之贵。孔子在《礼记》中有句话："故人者，其天地之德，阴阳之交，鬼神之会，五行之秀气也。"做人不易，做人难得，所以要活得健康，活得明白，活得开心！

另外，我还发现身边重视身体健康的人越来越多了，吃天然食物的人越来越多了，吃大鱼大肉的人越来越少了。这是个好现象！不仅是因为这样做符合佛教不杀生的理念，更重要的是对身体健康确实非常有好处！

我在治疗癌症的时候，因为放化疗的缘故，身体从一百一十多斤一下子瘦到了六十多斤，天天挂吊瓶，输抗生素，到后来一点油腥味都不敢闻。徒弟给做点饭，我一闻到油味五脏六腑就像翻江倒海一般。

后来，我到少林寺少室山脚下的一个茅草屋住下，天天用野草榨汁喝，再加上我不懈地锻炼，身体才一天天好转。到后来我战胜癌症以后，就和山间的野果野草有了更深的缘！我所在的古禅寺就坐落在赫赫有名的具茨山脚下。山上野果野草种类繁多，它们亦是宝贵的天然中药材，如蒲公英、枸杞、马齿苋、桑椹、何首乌等等随处可见。在本书中，我还将我常吃的、大家在生活中也经常见到的野草野果的功效和吃法给大家讲一讲，希望更多的人能关注健康，获得健康。

前面说了，给大家开解心事也是我的一项重要工作。前年冬天，有位居士打电话找我哭诉。因为平常联系非常密切，所以她刚给我打电话的时候我很奇怪，三个月前她的儿子刚结完婚，家里应该没什么事啊。没想到，这位居士说，儿子跟儿媳最近总是吵架，结完婚以后家里就没安宁过。我当时说，把他们两口子叫到我这来。第二天，两口子来到我的禅堂。那个小媳妇倒是规矩，老老实实诉说心里的委曲。没想到，这个居士的儿子忍不住了，一拍桌子说"你这是 no zuo no die"！我知道现在的年轻人有些网络语，这个我没听明白，就问他，说的是什么意思。我一问，把这两口子逗笑了，原来，no 是"不"的意思，die 是"死"，整句话就是"不作死就不会死"。他这样一说，我就明白了：**人无论从身体上还是心理上，本来是没有病的！很多矛盾是作出来的！很多病是想出来的！**

我对这两口子说："你们两个人来自不同的家庭，每个人都有自己的生活习惯，现在住在一起，结成一个家庭。没有矛盾才怪！但是，他爱吃甜的，你爱吃咸的！这叫矛盾吗？相互理解一下，包容一下就行了。另外，每个人都要为家做好功课。男的要出去挣钱，去提升技术；女的除了工作外，还要操持好家庭。男主外，女主内，阴阳相合，这才是家庭幸福之道！"

我讲完后，小媳妇鼓起掌来，居士的儿子也不说话了。后来到了过年，那位居士来进香，说："师傅您太厉害了，我苦口婆心劝了两个月都不管用，您几句话就解决问题了。现在他们小两口再也没闹过矛盾。"

人本身是没有身体病和心理病的，很多病都是想出来的。我们的欲望太多，又总觉得自己得到的太少，怎么能不生病呢？所以在本书里，我还结合很多佛学的小典故，讲了很多如何化解身心疾病的道理。

佛讲因果，病是因，《人本无病》这本书是果。让我们一起来了却这段因果，让疾病远离我们的身体，让我们健康、幸福、长寿、安然！

佛曰：睹人施道，助之欢善，得福甚大。

我因大家得福报，万分感谢！

释行贵

2017 年 9 月 1 日于佛光寺

目 录

一

第三篇　世事如棋令人迷，不忘初心必有成

第四篇　念念护善心，默默潜修行

第五篇　处世有奥妙，只在一念间

第六篇　易求万两金，难得长开心

第七篇　山间野菜采入门，健康自然跟到家

第一篇

家和万事兴，心净病无影

放下心中烦恼事，家庭就是佛圣地

现在，有钱人越来越多了，这是好事情。有钱了，可以做些自己想做的事情，可以让自己吃得好些、住得好些、穿得好些、玩得好些。但是，钱多不代表就快乐，不代表就幸福。原因很简单，挣钱越多，意味着一个人在时间和精力上的付出就越多，生活节奏越快，心理压力越大。挣钱多是果，付出多是因，这是佛家讲的因果报应。正因如此，很多人就会感觉到不幸福，感觉自己付出那么多，为什么没有福报。

杨女士今年 33 岁了，她在六月初一的时候到寺院里找我。坐在我面前的时候，她说，自己和丈夫在年轻时，感情和家庭面临了不小的考验。虽然自己的父母不太同意这门婚事，但是她毅然跟丈夫结了婚。那时候丈夫刚刚开公司创业，不管是注册、招聘还是市场推广等事宜，都需要亲力亲为，24 小时中的绝大部分都用在了工作上。现在，每天工作完回到家里，要么倒头就睡，要么就找茬发脾气，鸡毛蒜皮的小事都能成为战争的导火索，家里的气氛变得阴晴不定。

她问我："师傅，是不是我没听父母的话，才没有得到幸福啊？"

我回答说："恰恰相反！佛说：'由爱故生忧，由爱故生怖，若

离于爱者，无忧亦无怖。'你这是因为爱他，想跟他一起过好日子才来问我的。

"家，不是讲道理的地方，也不是讲平衡的地方。我之前听说过一个小故事：有一个人在下班开车回家之后，往往会在车里待上一会儿再回家，哪怕只是想想心事或者抽根烟，把自己的情绪调整好之后，再以全新的状态走进家门。很显然，这种行为也会给整个家庭以正面的引导，每个家庭成员都会为建立更好的家庭环境而努力，这样一来，家庭就不仅仅是避风的港湾，也是心灵的栖息地，是家庭成员不变的信仰。

"你也应该这样，既然你是全职的家庭主妇，那就把自己的平衡心、自尊心都放下，以一种更为平和的心态去对待他。不要说什么他陪你太少，不要觉得他老跟你发脾气。他陪你少是因为陪客户太多了。他不跟你发脾气能跟客户发脾气？凡事微笑处之。他回家，给他准备好热饭菜，把家布置得温馨一点。"

我一讲，她明白了。一个多月后，此女子又来找我，说："师傅，您真厉害，我一软，他也跟着软了，也不跟我发脾气了。"

佛家常说的一句话就是：**一念嗔心起，火烧功德林。**不管我们是否有信仰，这些话都在思想和行动上给我们以指导。在工作和生活中，每个人遇到的不如意事十有八九，如果每个人都把不顺意挂在脸上，表现在行动上，恐怕整个家庭都是愁云惨淡的景象了。而家庭作为社会的重要组成部分，维持和谐向上则是极为必要的。与自己的烦恼和解，生活中必定处处洒满阳光，这也是通向佛圣地的"不二法门"。

做人要难得糊涂

这里要讲的是达摩祖师的故事：

话说达摩祖师在来到中国之后，途经一个小山庄。这里的庄主有一个特别的喜好——养鹦鹉，看着鹦鹉在笼子里叽叽喳喳地叫着，庄主很是欢喜。鹦鹉认得来客是达摩祖师，就向他求救：

西来意，西来意！

请你教我出笼计。

达摩祖师的智慧是无穷的，于是同样用鹦鹉的语言回复鹦鹉：

出笼计，出笼计！

两腿一蹬眼一闭！

便是你的出笼计。

这鹦鹉便懂了。等老庄主回头看见鹦鹉正高兴，突然，鹦鹉两腿一伸，直挺挺躺在笼子里一动也不动。庄主一看着急得不得了，赶紧把笼子打开，想看看心爱的鹦鹉怎么了。正在心疼之际，只见鹦鹉趁其不注意，扇动翅膀，"嚓"一声飞走了，从此得到自由了。

鹦鹉为什么能得到自由？多简单，装糊涂了呗！

做人要难得糊涂

有句话说得好：**世上本无事，庸人自扰之**。生活中不如意的事情有很多，如果事事都要弄明白问清楚，打破砂锅问到底，恐怕不仅自己身心俱疲，也会让周围人对你敬而远之吧。

比如很多年轻人在职场里，没事就喜欢聊个八卦，评论下同事。如果你是中层领导，哪天在茶水间听到同事们在议论你工作方法有问题、穿着不时尚等，你心里肯定高兴不起来。

直接冲突当然不行，那么应该怎么做呢？当然是难得糊涂啊！

一来，他们的话题一直在变，今天是你，明天就是别人了；二来，作为领导或同事，生活在这个圈子里，难免会被议论，如果针锋相对，反倒让局面紧张起来了，实在不是好的解决之道。

在与家人和朋友相处时，也要深谙此理，才能收获良好的人际关系，自己的胸怀也会开阔起来。日常相处中，人与人总会有摩擦，舌头和牙齿还有打架的时候呢，更何况是亲人和朋友呢？

前几天有位年轻女子来找我，她刚结婚，本应该是甜蜜期，但看起来却是一脸愁容。她说丈夫老是不知道干净，家里东西随处乱放，提醒几次也没有用，为此发生不少争执。

女士爱干净，喜欢把家里收拾得干干净净的，这是天性！但是，男同志一般对家务并不是太在意，觉得生活嘛，定期打扫就可以了，犯不着把生活过得像交作业一样，这也是天性。

我送了这位年轻女子四个字：**难得糊涂**。

拿自己的标准去苛求别人，难道错不在自己？

难得糊涂不仅仅是一种生活态度，也是可以贯彻到行动中去的。这样在生活和工作不如意的时候，人们才能以更平和的心态去面对。

不念过往，不畏将来，生活自会呈现出全新的面貌。

世上本无事，庸人自扰之

传说有这样一个故事：

唐朝有一个官员叫陆象先，很有才华，因为直言敢谏得罪了皇上，就被贬为益州都督府的长史。陆象先对属下宽宏大量，犯了罪只是训诫一番，却并不动用刑罚。他认为要让百姓和官员遵守规矩，重在治理得当。

有一次，一个小官吏犯了罪，陆象先训斥了他，并让他以后不要再犯类似的错误了。陆象先的属下大为不解，就问："大人，他犯了罪，为什么不动用刑罚呢？打几十大板，他下次就不敢了！"

陆象先却说："我讲道理他就能明白的事，为什么一定要打板子呢？再说他是你的属下，要打板子也应该先打你！"属下羞愧得连连称是。

接着，陆象先就对他的属下说："天下本来就没有什么大不了的事，都是想得太多，把简单的事情都变复杂了！"

在陆象先的治理下，益州的治安果然好了起来，百姓安居乐业，一派祥和。

世上本无事，庸人自扰之

在现代，这句话也同样给我们警醒，很多时候，我们之所以会陷入烦恼，就是因为想得太多，让杂事喧嚣扰乱了心神，失去了自己理性判断是非的能力，有时候甚至做出让自己追悔不已的决定。

佛家梵语里有"三昧"的说法，指的是让心神安静下来，不受外界的打扰，能够集中注意力进行修炼。所谓的"正定"就是"三昧"的意思，一种是生来就具有的安定的能力，另一种则是靠后天的努力集中注意力使内心安定。这也告诉忙碌的现代人，**面对浮躁的外部世界，要保持内心的安定，才不会掉进苦恼的漩涡。**

经济发达了，人们的生活越来越好，欲望也越来越多了，买东西想要最好的，事业想要平步青云，孩子要读最好的幼儿园，听说同事去国外旅游了，暗忖自己也得去一趟才能不比别人差。

可是生活中不如意的事情太多了，很多愿望实现不了，跟朋友同事的攀比停止不了，无端端多了很多烦恼。很多人觉得自己已经很努力了，为什么还是过不上自己想要的生活呢？

其实只要努力，生活不会亏待谁，只是人们的欲望是没有止境的，**如果不能平息欲望，学会知足常乐，那么就很难获得内心的安静**，生活也不会幸福。

世上本来没有什么烦恼事，只不过是人们想得太多罢了，所以才被烦恼困住，感受不到生活的快乐和幸福。我们每个人在现代社会里，都要学会给心灵找个安定的角落，让自己找到快乐和幸福。

爱人者，人恒爱之

以前我在医院里工作时，经常会遇见各种病人，每个病人的症状和性格都不同，作为一名医生，不仅仅要医治病人身体上的不适，还要给他们以精神上的安慰，这样疾病才能好得快。现在社会上充斥着各种医患关系紧张的说法，好像医生和病人是天生的仇敌一样，这样是不对的。

不管是古代名医的悬壶济世，还是现代医生的医者仁心，都说明优秀的医生在治病的过程中，不仅需要高超的医术，更需要对病人付出爱和责任感，病人才会无条件地信任医生，医生和病人之间才能建立相互信任的友好关系。

唐代的"药王"孙思邈因为小时候家境贫寒，生病后无钱医治，多亏家里人四处借钱才把病治好。他看到周围很多乡亲生病了都因没钱治而死去，心里很难过，感叹道："人的生命都只有一次，因为看不起病死去多可惜啊！"

于是他就苦练医学本领，钻研医学知识，很快就成为一个有名的医生，不管给谁看病，他都一视同仁，不会因为谁有钱谁没钱就区别对待。孙思邈把一生的精力都放在为百姓治病上，所以百姓都很信赖和尊敬他。

现在医术发达了，但是病人对医生却有了更多的戒备心，觉得医生都是忽悠人的，为了多收检查费一个劲让做检查。医生则觉得苦不堪言，自己辛苦治病，却得不到病人的理解。其实，解决这个问题有一个有效的办法，那就是爱，医生要爱病人，不管是对朋友还是陌生人，不管疾病的大小，都认真对待，这样病人才会信赖医生，医生和病人之间才能建立起和谐的关系。

以前在医院里，我就经常看书翻资料，不是在记知识点，就是背汤头歌，吃饭的时候背，走路的时候也背，脑子里背着，看见哪个病人有需要或者有什么活儿需要干，就立马动手。病人有什么不舒服我立即去查看原因，安慰病人的情绪，让他放轻松，不要因为身体的疾病有精神压力，这样疾病也能好得快些。病人要出院时，我还耐心告诉病人需要注意什么，怎样做是最简单易行的。病人在医院里感受到家人般的温暖，自然也会配合医生的治疗。

因为从小在少林寺长大，我通晓很多禅道，所以开导病人比较有用，再加上看病效果比较好，所以门诊、病房的病人特别多。你把别人的心结解开了，别人就会爱戴你，那你当然就感觉到幸福了。

生气是万病之源

大家都知道有一句话叫"**生气是拿别人的错误来惩罚自己**"，很多人都用这句话来安慰自己或者他人要保持心情愉快，不要被负面情绪影响。我学习了中医之后才知道，这句话是有一定依据的，因为生气是拿别人的错误来惩罚自己的身体健康，长期心情抑郁，甚至会引起很多疾病。

生气就是发怒，也就是说，发怒会在体内产生"气"，这个"气"会对身体健康产生不利的影响，不管是人还是动物，都是会生气的，遇到不顺心的事，人难免要生气，有时候是自己生闷气，有时候是冲外界发脾气。不管怎样，**生气是身体产生疾病的源头**。

给大家讲个禅宗"莫生气"的故事。

正午的太阳像一个大火球，炙烤着大地。一只骆驼在沙漠里跋涉着，它又饥又渴，焦躁万分。突然，一块玻璃瓶的碎片把它的脚掌硌了一下。骆驼火冒三丈，抬起脚狠狠地将碎片踢出，脚掌被划开了一道深深的口子。

骆驼一瘸一拐地走着，一路的血迹，引来了空中的秃鹫，又引来了一群狼。仓皇中，骆驼跑进了食人蚁的巢穴附近，立刻被食人蚁像黑毯似地裹了个严严实实……

临死前，骆驼追悔莫及："我是骆驼，最大的特点就是耐饥渴，为什么要跟一块小小的碎玻璃生气呢？一生气，忘了我自己的长处，结果连命都搭上了。"

我以前在医院里，病人都要排很长的队，才能见到医生。在我坐诊时，就经常有熟人托我插个队，家人或者朋友需要就诊，熟人就想着有人在医院方便，不用挂号不用排队了，打个招呼就能看病。这时候我都是拒绝的，有的病人排了很久的队，终于快到他们了，结果被插队了，病人知道了也会生气，这会加重他们的病情，反倒不利于治疗。

在平时的治疗过程中，我总会跟病人强调：要保持心情愉快，不能生气。因为生气是万病之源啊，体格再强壮的人，如果经常生气，身体也会慢慢变差的。《黄帝内经》里说，任何疾病的产生，都离不开天气冷热的变化和喜怒忧思的情绪。早在几千年前，我们的祖先就发现，生气会引起疾病，会耗费身体的能量，会伤害肝脏，长期生气还会造成秃顶，肝脏受到损伤后，人会更容易动怒，长期下去，身体会越来越差。

现代人生活压力大，遇到的事情比较复杂，就更容易生气了，对工作中的一点小事都能气上大半天，在网络上看见负面新闻也要捶胸顿足地评论一番，却不知道这些都给身体健康带来了隐患。所以每个人都要记住，生气是万病之源，遇到烦恼的事，深吸一口气，放松下来，把生气赶跑，心情愉悦才能健康长寿。

欲取先予，欲得先舍

孔子年轻的时候，很喜欢去隔壁邻居家玩。邻居是一个石匠，没事就在家里凿石头，一块块坚硬的石头在石匠的手下变成了各式各样的石刻。

有一天午后，孔子又来到石匠家，看到石匠正在雕刻一块墓碑，这个墓碑是为鲁国一位很有名望的大夫刻的。孔子看到后，就感叹说："有的人死了像鸿毛一样轻，有的人则被刻进碑里，后代都记住了，真是很值得啊！"

石匠听到孔子这么说，就停下来，问道："那你想做哪一种人呢？"

孔子思索良久，叹息了一声，说："我只是一个凡人，又怎么能和大夫相比呢？想要被人们记住，简直太难了！"

石匠却摇摇头，指着身边的石头说："其实很简单！就像这石头一样，要把石头雕刻成好看的花鸟，就要不停地用凿子雕刻它！"

石匠说完就继续雕刻了，孔子目不转睛地盯着，只见碎石屑都被凿得飞了出来，多余的石头也被凿落在地上，一会儿，几个刚劲有力的字就雕刻出来了。石匠却并没有停止手上的工作，他一面凿，一面跟孔子说："要想这碑上的字保存的时间长一些，就要凿得更深一些，把不需要的石屑都舍去，才能经过风吹雨打，万古长存！"

孔子恍然大悟，从此以后专心研究学问，把与学问无关的东西都舍去，终于成为一代大教育家。

现代人总喜欢把"忙"挂在嘴上，恨不得自己有分身术，能够同时完成几项工作，但是一问他做成了什么事情，却什么也答不上

欲取先予，欲得先舍

　　来。要想在工作中取得成绩，就要舍弃多余的"石屑"，**把精力集中在一件事情上，才能达到自己的目标。**

　　在很多人的家里，物品堆满了各个角落，不管是窗台还是门后，甚至是门口的走廊里，都放满了生活用品，想扔了又舍不得，总想着说不定什么时候就用到了，可是却一直用不到，于是环境越来越乱，心情越来越烦。要想恢复清静之心，只有**舍去不需要的物品，让生活变得简单**起来，回到家才能感到很放松，很安宁，这才是良好的生活习惯，长期如此，和家人的相处也会更融洽。

人的心灵就像我们的家，如果不及时进行清理，不舍去多余的东西，就会变得满满当当，再也装不下新的东西，人就会裹足不前，沉浸在烦恼的海洋里，永远走不出去。

佛家讲究"舍行"，就是要舍弃没有用的东西，不要固守"执念"，只有放下才能获得更多的快乐和幸福。在舍行中，人能真正静下心来，思考自己真正需要的是什么，而不是沦为外在物质的奴隶。只有学会做自己的主人，选择自己真正需要的，为心灵腾出空间，去思考，去修行，放下执念，才能收获大智慧，过上轻松简单的生活。

得意之时勿忘形，失意之时莫灰心

天有四时五行，以生长化收藏。人有五脏化五气，以生喜怒悲忧恐。人生也是这样，成长的道路上，充满了艰辛与险阻，不可能一帆风顺。佛语有云：**君子能忍，方成大器。**人生里不会都是诗情画意，可以失败，可以伤心，也可以流泪，酸甜苦辣都要尝一尝，但是绝对不能放弃，这就是人生。

汉朝时，少年时的匡衡，非常勤奋好学。由于家里很穷，所以他白天必须干许多活挣钱糊口。只有晚上，他才能坐下来安心读书。不过，他又买不起蜡烛，天一黑，就无法看书了。匡衡心痛这浪费的时间，内心非常痛苦。

　　他的邻居家里很富有，一到晚上好几间屋子都点起蜡烛，把屋子照得通亮。匡衡有一天鼓起勇气，对邻居说："我晚上想读书，可买不起蜡烛，能否借用你们家的一寸之地呢？"邻居一向瞧不起比他们家穷的人，就恶毒地挖苦说："既然穷得买不起蜡烛，还读什么书呢！"匡衡听后非常气愤，不过他更下定决心，一定要把书读好。

　　匡衡回到家中，悄悄地在墙上凿了个小洞，邻居家的烛光就从

得意之时勿忘形，失意之时莫灰心

这洞中透过来了。他借着这微弱的光线，如饥似渴地读起书来，渐渐地把家中的书全都读完了。

匡衡读完这些书，深感自己所掌握的知识是远远不够的，他想继续看更多书的愿望更加迫切了。附近有个大户人家，有很多藏书。一天，匡衡卷着铺盖出现在大户人家门前。他对主人说："请您收留我，我给您家里白干活不要报酬，只要让我阅读您家的全部书籍就可以了。"主人被他的精神所感动，答应了他借书的要求。

匡衡就是这样勤奋学习的，后来他做了汉元帝的丞相，成为西汉时期有名的学者。

我们的人生不也一样？有开心快乐、春风得意；有遭遇低谷、止步不前。它就像一杯茶，在成长过程中，会时不时被加入盐、糖、茶、咖啡……，境遇不同，加入的东西不一样，人生的味道也就不一样，只有品过了，才会明白其中的滋味，这就是人生。

吃饭少一口，活到九十九

有个女博士来找我，诉说她的烦恼。她先介绍了自己，说今年就30岁了，小时候很胖，没少被家里人和邻居嘲笑，她干脆也放弃了自己，每天喜欢吃什么就由着性子吃。

她从小就成绩好，大学毕业就去读了硕士，读硕士阶段她喜欢上了一个男孩儿，就拼命减肥，三个月瘦成了一个苗条的美女。可是她还是很爱吃东西，喜欢吃泡面就一次来两包，喜欢吃麻辣烫就一次吃常人两倍的量，虽然吃完之后肚子饱饱的，可是心里却充满了愧疚感。看着自己又慢慢胖起来的身体，每天坚持运动也没有用，她特别郁闷。

于是问我："我一直信佛，平日里也按照佛的教导做事，是因为年纪大，所以才难以瘦下去吗？"

我摇摇头，说："**吃饭不可过饱，由着性子吃，是在浪费自身的福报！**"

她听完我的话，若有所思，她有着高学历，其他知识自然不用我讲解，我只用告诉她问题的症结在哪，她体会到了，自然就知道怎么做了。

过了半个月左右，这个女博士又来了，她看起来气色好了很多，面色红润，走路轻快。她看到我，就笑着说："师父，上次听了您的话之后，我回去吃饭都吃七分饱，晚上就煮点面条，买新鲜的蔬菜做沙拉，有时候虽然微微感觉到饿，但坚持一下也就克服了，最重要的是我的状态好了很多，感觉心里多了很多空间，每天都特轻松！"

我听她一口气把话说完，也由衷地替她高兴，看来不吃太饱给她带来的除了身体的健康，还有灵魂的减压。

现在能吃的东西太多了，地上跑的、天上飞的、水里游的，人们都可以拿来当食物，看到好吃的就停不了嘴，直到快把肚皮撑破才作罢。

长期这么吃下去，不仅会日渐肥胖，还会带来一系列的健康问题。胃里的食物太多，就需要调动全身的血液去消化食物，导致大脑缺血，吃完就想睡，反应也会迟钝下来。现代人之所以总是受到肠道疾病、神经衰弱、骨质疏松等各种疾病的困扰，就是因为吃东西不节制。

在吃东西上不节制，就是不给肠胃留一点余地，这种习惯也会影响我们平时待人接物。如果凡事都要追求最理想，不给自己和他人留余地，比如朋友一时疏忽做错了事，就上纲上线怎么都不肯原谅，只会弄得自己疲惫，朋友也尴尬。

而吃得半饱，也是在保持一种"半饱"的生活态度，做什么事情都留有余地，回头才有路可走。你给肠胃留下空间，在遇见美食的时候，才能充分享受食物的美味。给精神留足够的空间，才能接纳吸收新东西，让生命始终丰盈新鲜。

表面上看，吃饭不能太饱，要给肠胃留下一点空间，有利于身体健康。实际上，不吃太饱也是一种生活态度，**满招损，谦受益，只有懂得取舍，才能寻求到生命的真谛。**

病后始知身是苦，健时都为他人忙

有一天，有个人来找我，满脸倦容，说："大师，您帮我开解开解吧？"

我问他："你遇到什么烦心事了？"

他说："我是个医生，帮很多人治好了病，也一直为自己的职业自豪，可是前几天做身体检查，被查出了胃癌，老天真是给我开了个玩笑！"

我安慰他："那就要保持好心态，积极治疗，会慢慢好起来的！"

他苦笑着说："医生虽然平时给那么多人看好了病，却看不好自己的病啊！"

我说："人来到这个世界上，身体就是受苦的，健康的时候都在为他人忙碌，也只有生病了才能静下心来想想自己的事，知道珍惜生命，就把这当作一场修行吧！"

他似乎有所宽解，点点头，说："希望治疗还有用吧！"

对大多数人来说，生病都是一件糟糕的事，生病之后才知道身体要承受这么大的痛苦，不能吃喜欢的东西，也不能自由地活动，很多事情不想放下也得放下了。健康的时候，把功夫都用在了别处，却忘记了修行，等到生病了，再去补救，就太晚了。

人健康的时候，只知道风风火火地工作，心里总想着事业能更上一层楼，想着升职加薪，修行念佛就再等等吧。可是一旦身体生病了，就失去了革命的本钱，烦恼反而变少了，一心想着疾病赶紧走，健康快回来。

生病之后，身体不忙碌了，也有时间去修心养性，对生死会更豁达，更懂得珍惜生命，修行自己；**知道生命的脆弱和无常，对外界的欲望和执念也会降低很多**，时刻提醒自己要好好生活，好好修行。这样，佛法的智慧才能融入心里，让人心清净。

生病本身是一件坏事，但是通过生病，人们能够放慢自己的生活节奏，安静下来，反思自己，从而变得虔诚，不再浮躁，开启智慧。

深究起来，人之所以会生病，也是因为心焦虑、散漫、躁动，所以疾病才会有机可乘。

生病的时候多做深刻的反思，可以更清楚地观照自己的内心，在恢复健康以后，也要时时给自己提个醒，在修行上要更勤勉，不能偷懒。

心态好才能健康长寿

我认识一个人，带父亲去体检，医生说父亲得了肺癌，让他好好安慰老人家，积极接受治疗，保持好的心态。

这个人知道父亲的病情后特别难过，就来找我，说："您对人生都参透了，您说我遇到这种事该怎么跟老人家说呢？人都说癌症病人很多都是被自己吓倒了，我也怕老父亲受不了这个打击！"

后来，此人决定不告诉父亲实际的病情，保险起见，他甚至连家人都没有细说，就说是患了肺炎，需要治疗，每次从医院拿药回家，都把药换在治疗肺炎的药瓶里。

那段时间，此人承受了巨大的压力，经常来我这待一会儿，说说生活的苦恼。他的父亲却因为不知道真实的病情，没有太大精神压力，家人也很注意老人的饮食和营养，就这样，他的父亲一下子多活了六年多。

有些人看到这，会说："师傅，您这话可是不对，人要勇敢面对才行。"其实，没有一句话是绝对正确的。如果有些人本身心理承受

心态好才能健康长寿

能力就比较差，告诉他当然不如不告诉他。

这个人的父亲如果知道自己的真实病情，肯定会面对巨大的精神压力，治疗效果也会大打折扣，如果心态调节不好，甚至会导致病情迅速恶化。我国很多癌症病人在得知自己生病之后，往往是心里的防线先垮掉了，自暴自弃，想着治疗也没有什么用，还给家人增加负担，即便天天在医院里待着，身体也越来越差。

而那些心态乐观的人，就不一样了，知道自己生病了，就安慰自己："人吃五谷杂粮，哪能不生病呢？"，为了不让家人担心，还宽慰家人，每天乐呵呵地接受治疗，从生病这件事中反省自己不规律的作息和饮食习惯，每天反而红光满面，生活过得更有质量了。

虽然每个人所处环境各不相同，遭遇的事情各有差异，但面对问题时的不同心态才是对人命运的最大影响因素。人生下来，就会面对顺境和逆境，有一帆风顺的时刻，也有遭遇低谷的时刻，如果把生活中的起伏看得过重，任何烦恼都在心里积压，最后这些消极情绪会变成一座小山，把人压垮，那么生活也会变得索然无味，失去了奋斗的乐趣和挑战的精彩。

有人说，心态就是你的主人。**我们没有办法去改变周遭的环境，也没法去左右他人的看法，**但是却能改变自己的内心，大部分人面对的事情都是差不多的，但是心态好的人却更容易成功，心态不好，遇到什么事情都躲闪逃避，必然会成为生活的弱者。

有人可能会问了，大家都在说要有好心态，到底什么才是好心态呢？其实好心态可以很具体，体现在生活细节里。心情不好的时候，找三五个朋友聊聊，交流生活经验；每天早上起来给镜子里的自己一个大大的微笑，对自己说"加油"；不把工作中的情绪带回家，给家人最好的一面，保持耐心；制定生活和工作规划，培养工作之余的爱好，让自己每天都精神饱满。

佛家也说，**境由心转。心态好了，外部的环境也会随之发生改变，生活也会越来越好的**，好心态也是一种修行。

从四威仪中学养生

所谓的四威仪，指的是修行之人在坐、卧、行、站时，都要心无杂念，调节心境、身形，才能达到修行的目的。即便需要长时间地保持坐着或者行走，也要忍受辛苦，在恰当的时间和地点休息。在躺下休息的时候，把佛法放在心里，遵循道理和规律生活。这样一来，行走坐卧都能合乎修行规律，这就是佛家常说的四威仪，这和孔子制作礼乐教人们守规矩的道理是一样的。

四威仪给修道的人提出了四点要求。

一是**行如风**，走路要心存正念，不能瞻前顾后，走马观花，走得慢就容易左顾右看，看的东西多了心就会乱，容易心生杂念。修行讲究"无我"，双目只视眼前七尺远，专心不散乱。修道者在走路的时候要行如风，走路稳重从容。

二是**坐如钟**，坐着的时候要像大钟一样稳定，要坐有坐相。古代的家具都是木头的，所以古人坐姿端正，否则就会硌得慌，现代的家具都越来越舒适，或躺或卧，感觉很舒服，但是时间长了，对腰椎和颈椎都不好，也不利于修行。修道者要心存正念，在坐着的时候观照自己的内心，才会有威仪端庄的外在形象，不能前仰后合，靠着墙或倚着柱子。

三是**站如松**，在站着的时候要像松树一样挺拔，有精气神，不能摇摆不定，前后晃动，要在适当的场合、适当的位置站立，才能让人看着觉得端正大方。

四是**卧如弓**，躺下的时候要像一张弓一样，佛祖在休息时是侧卧的，大多数人睡觉时采取的姿势也是侧卧，因为肝经在人体的两侧，侧卧时血就归到肝经，肝主藏血，侧卧能够养肝气，血归到肝经，人就可以进入睡眠，肝的造血功能也能正常进行。

四威仪对修行者从四个方面提出了具体的要求，说起来烦琐，做起来也需要更大的毅力和恒心，才能通过严格要求自己达到修行的目的。

除了修行，在日常生活中坚持四威仪还能保证身体健康。佛家有一种修行是在面积较小的室内行走，可以吸取更多能量，行走很久也不会觉得累。

日常的站、坐、卧都要注意四威仪，遵循规律，心存正念，任何事情都要有度。切记：**久站伤骨，久行伤筋，久卧伤气，久坐伤肉**。在修行中也要格外注意因时而动，才能心存正念，表现在外部形象上就是端庄大气，稳重内敛。

行如风，坐如钟，站如松，卧如弓

民以食为天，病与吃为伴

我的一个弟子，已经相识五年多了，人是越来越胖，不到三十岁的年纪，已经大腹便便，多走几步路就气喘吁吁的，脸色也发白。我很不解，心想他年纪轻轻的，身体怎么这么虚弱呢？

后来有一次，他来的时候正好到了中午，我就让他在寺里用斋。饭一上桌，他拿起筷子就吃，狼吞虎咽，带汤的饭刚上来他呼噜呼噜就喝了。因为寺院里吃饭的时候要止语，因此过后我提醒他："吃饭要慢一些！"

他不以为意，说："我都习惯了，经常这样吃饭，你看，我的口腔黏膜都经常被烫破皮，很快就好了！"

我劝了他几句，告诉他吃饭要耐心，不能急，饮食也要均衡，否则身体会吃不消的。他当时没有说什么，后来还是去看了医生，因为他经常感到疲倦，湿气重，体重也居高不下。

医生看了他的脉象和舌苔，告诉他："回去要好好吃饭，食物要均衡，细嚼慢咽，不能像打仗一样。消化吸收好了，身体也会健康起来！"

弟子开始很不习惯，好在家人和朋友都在监督他，让他耐心地吃饭，食物也讲究搭配，少吃肥甘厚味，慢慢地他的气色好起来了，体重也下降了，连脾气都好起来了，以前是一点就着的火爆脾气，现在遇到什么事情都很冷静，家庭关系也和谐了不少。

他非常感慨，对我说："看来吃饭真是一件大事情啊！"

上到达官贵人，下到小老百姓，每个人都要吃饭，吃饭是人之本，但是吃饭可不是一件简单的事情。邻里见面，总是要熟络地打招呼："吃了吗？"可见吃饭在人们生活中的重要地位。

俗话说：民以食为天。现代人生活好了，吃的东西也更加营养，可是产生的问题也多了。现代人生活节奏快，早饭随便对付一口就去上班了，晚上下了班时间充裕，就大吃大喝一顿，但是这样身体所需的营养也是补不回来的，晚上吃得过多反而会增加肠胃的负担。糖尿病、高血脂、肥胖，这些问题都严重影响着现代人的身体健康。

吃饭难，并不是说谋生难，而是现代人大多焦虑，很难耐心去吃饭，而**培养自己细嚼慢咽的吃饭习惯**，不仅能够充分吸收食物的营养，也能给肠胃充足的时间向大脑传达吃饱了的信号，避免暴饮暴食。

除此之外，吃饭不能吃太饱，老话常说，**吃饭八分饱**，不由着性子吃，给胃留点空间，心也有足够的空间去思考，欠着一点，反而会更舒服。我身边有很多肥胖之人，都是因为管不住嘴，吃什么就一定要吃到不想吃才作罢，但是吃饱之后就懊悔不已，实在是有百害而无一利。

吃饭的道理放在做人和修行上也是同样适用。做人不能太苛刻，不贪心，对他人怀着一颗宽容之心，凡事不计较，能原谅的就一笑而过，对身边的事情不追求一百分，会减少焦虑，也会让生活更轻松。吃饭虽然难，修行则更难，离开尘世的浮华，滋养心神，让心神安住，保持清净，对身体的好处胜过灵丹妙药。

第二篇

系统学禅医，终生受大益

欲修身心，先明阴阳

我曾受邀到美国去做演讲，其中讲到阴阳。讲完课后，一个徒弟告诉我："师傅，现在'阴阳'这个概念在全世界都非常火，而且有专门对应的英语单词，分别是 yin yang。"

事实上，了解一下阴阳的概念，不仅对我们养护身体很重要，还可以让我们在看待事物的时候，学会从正反两个角度来看问题，

欲修身心，先明阴阳

不偏不倚，所以，对养心也非常重要。

禅医也讲阴阳，其实，阴阳作为代表事物对立统一的两个方面的概念，在商代即已出现。最初，它是咱们的老祖先用来归纳自然现象的，如昼为阳、夜为阴，火为阳、水为阴，上为阳、下为阴，外为阳、内为阴等；后来，到了春秋时代（也有人认为形成于战国末期或秦汉时代），就慢慢形成了一个完整的学说。阴阳学说认为，每一事物都有阴阳相对的两个方面，而其发展变化都是这两个方面相互矛盾与争斗的结果，它强调的是事物对立统一的法则。

阴阳之间既对立又统一，相互依存，相互制约，共处于一个统一体中，任何一方都不能脱离另一方而单独存在。假如没有和它作对的矛盾一方，自己这一方也就失去了存在的条件。没有上，就没有下，没有左，也就无所谓右。**"阳根于阴，阴根于阳""孤阴不生，独阳不长"**。这种相反相成、相互为用、相互依存、相互制约的关系，叫作阴阳的对立和互根。

接下来给大家说说阴和阳与身体健康的秘密。

阴阳始终是在彼此消长的过程中不断实现其动态平衡的。不平衡是绝对的，而平衡是相对的，暂时的。"阴平阳秘"，指的就是这种相对平衡的状态。如果阴阳中的一方偏盛或偏衰，就是阴阳失调，就会产生病态。人体阴阳消长比较常见于下列几种情况。

第一种情况是**阴平阳秘，意味着健康**。

第二种情况是阴邪盛而阳未衰，为寒实证。像很多手脚冰凉的人就是寒实证，身体里的阳气不够充足，不能濡养四肢，手脚就会发凉。还有些人经常大便稀、拉肚子，甚至拉的大便里带有没有消化完的食物，这在中医上叫"完谷不化"。咱们的老祖先们对这种现象有一个形象的比喻，消化食物就好比要把生米煮成熟饭，胃就好比是煮饭的锅子，而阳气就好比是煮饭用的火，没有"火"，米就无法煮成"饭"。所以当阳气不足时，则进入胃中的食物也就无法很好地"腐熟"（消化），而直接从肠道排出。

第三种情况是阳盛而阴未衰，为实热证。实热证的人，身体里的阳热之气过旺，容易出现壮热烦躁，面红目赤，渴喜冷饮，胸痛痰黄、腹痛拒按，大便秘结，小便短赤，舌红苔黄等。

第四种情况是阴虚而阳未长，病人会因阴虚而出现相对的阳亢，就是一般所说的虚热、虚火，或者说本虚标实。

第五种情况是阳虚而阴未盛，病人因阳气虚衰而出现一种阴寒之象，此即阳虚生外寒，应与寒实证相区别。

第六种情况为阴阳俱虚，病人往往出现既有阴虚又有阳虚的某些症状，如既有五心烦热，多梦遗精，又有形寒肢冷、阳痿早泄等。

阴阳的消长达到一定的程度，就会由量变发展为质变而引起阴阳的转化。《素问·阴阳应象大论》说：**重阴必阳，重阳必阴。寒极生热，热极生寒。这就是物极必反的规律。**当然，转化要有一定的条件——内因是变化的依据，外因是变化的条件。

举个大家最常见的例子来说，如果夏天某几天特别特别闷热，那热不了几天肯定会下大雨。这就是热极生寒。

我在中医院当大夫的时候，还带有学生，我经常跟学生讲，阴阳学说是中医学的理论基础，是中医认识生命活动、分析病因病理、指导辨证施治的纲领。《素问·阴阳应象大论》说："**善诊者，察色按脉，先别阴阳。**""审其阴阳，以别刚柔""脉有阴阳，知阳者知阴，知阴者知阳。""谨熟阴阳，无与众谋。"这都说明了阴阳是诊断的首要关键。

中医诊断虽有六经、营卫气血、三焦、脏腑等辨证方法，但是谈到中医诊断的原则高度，总不离乎阴阳表里、寒热虚实。在八纲中阴阳又是其他六纲的总纲。疾病证候千变万化，总不外乎阴阳的范畴。

中医的诊断方法是通过四诊，收集病史、症状，察色，观苔，听声，切脉，然后进行归纳，分析，辨别其阴阳的偏盛或偏衰——如阳偏盛则属阳证，阴偏盛则属阴证，这是指实证而言；在虚证方面，则有阴虚阳亢、阳虚阴盛或阴阳俱虚的证候。

一般来说，有发热、口渴、面红、烦躁、大便干结、小便短赤等热象的症状多属阳证；有畏寒肢冷、面白唇淡、疲乏无力、大便稀薄、小便清长等症状的多为阴证。在脉象上，浮、洪、数、滑等为阳脉；沉、迟、细、涩等为阴脉。只有辨明了阴阳表里、虚实寒热，才能确定治则和治法，才能开出恰当的处方。

不光是养生，咱们做任何事情都要懂阴阳，包括工作、学习、家庭等各方面。在单位，如果有同事行事特别霸道，那你就要低调些。要不然两个人经常闹矛盾，科室的工作就无法进行，领导看到了，可能就有人要下岗了。

"负荆请罪"的故事大家都听说过吧？

战国时期，廉颇是赵国有名的良将，他战功赫赫，被拜为上卿，蔺相如"完璧归赵"有功，被封为上大夫不久，又在秦王与赵王渑池相会的时候，维护了赵王的尊严，因此也被提升为上卿，且位在廉颇之上。

廉颇对此不服，扬言说："我要是见了他，一定要羞辱他一番。"蔺相如知道后，就有意不与廉颇会面。别人以为蔺相如害怕廉颇，廉颇为此很得意。

负荆请罪真好汉，宰相肚里能撑船

可是蔺相如却说："我哪里会怕廉将军？不过，现在秦国倒是有点怕我们赵国，这主要是因为有廉将军和我两个人在。如果我跟他互相攻击，那只能对秦国有益。我之所以避开廉将军，是以国事为重，把私人的恩怨丢一边儿了！"

这话传到了廉颇耳朵里，廉颇十分感动，便光着上身，背负荆杖，来到蔺相如家请罪。他羞愧地对蔺相如说："我真是一个糊涂人，想不到你能这样地宽宏大量！"两个人终于结成誓同生死的朋友。

其实，这个故事里，廉颇就是阳，蔺相如就是采取了"以阴制阳"的手段，最后两个人成了好朋友，还名垂千古，流芳百世。如果蔺相如听说廉颇要羞辱他，也以暴制暴，那赵国很快就亡国了。

咱们的家庭也是如此，**生气是阳，安抚是阴，阴阳相济才能家庭和谐**。妻子在单位受气了，回来跟丈夫说几句难听话。当丈夫的就应当"装装孙子"，哄哄自己的妻子，这样才有美满的家庭。反过来，如果丈夫也跟着针锋相对，那这个家轻则鸡飞狗跳，重则离婚单过，又何来家庭幸福可言呢？

五行生克，万物之本

"五行"这个词大家都听说过，但是我要劝告大家，要记下来。五行是人们生活中常见而又必需的五大类物质。

古代的先贤们把木、火、土、金、水的特性及其相互关系，进行抽象的归类，将宇宙万物归于五类，用它们之间的相生和相克的关系，来说明事物的运动变化，比喻世界万物之间的运动关系。

他们认为，**世界万物都可归为木、火、土、金、水五大类**，它们之间相互滋生、相互制约的关系，就集中地、概括地代表了一切事物的复杂关系。他们承认物质不是静止的，而是往返运行、变化无穷的。

啥是"行"？行，就是行走的意思，所以将这种说理方法称之为"五行"。

五行生克，万物之本

上面一节我讲阴阳，阴阳是强调事物矛盾的统一性，五行学说则强调事物的内在联系。前者解决的是矛盾的普遍性，后者解决的是矛盾的特殊性。它们作为一种说理的工具是不能分离的。

医学领域极其复杂和广阔，有很多问题，单靠阴阳学说是无法解释的，引入五行学说就可以解释得通了。

所以说五行学说是阴阳学说的发展和补充，它们之间有着紧密的联系，论阴阳必推及五行，言五行又离不开阴阳。

五行学说认为，一切事物都包含着"相生""相克"这两个互相联系的方面。在生与克的基础上，五行学说又以制化、相乘、相侮来进一步说明事物的复杂变化。

相生规律

生，为资生、助长的意思。五行之中都具有相互促进、相互依存的关系，这就是"相生"。

五行相生的规律是：**水生木、木生火、火生土、土生金、金生水**，如此循环往复无有终时。很多人觉得五行相生太难记了，其实那是没理解透。

水为什么生木？你看看有了雨水的浇灌，树木花草是不是才长得郁郁葱葱？

木为什么生火？木材点燃了是不是就可以生出火来了？

火为什么生土？火无论烧什么，最后是不是落在地上形成灰烬，成了土？

土为什么生金？咱们的金银铜铁等等各种矿藏都藏在哪儿？是不是土里？

金为什么生水？金气温润流泽，金属熔化后是不是变得像水一样流动？

这就是五行相生。

相克规律

"克"含有制、胜的意思。五行之中，相互制约、相互克服的关系，称之为相克。相克的规律是：木克土、土克水、水克火、火克金、金克木，循环不已无有终时。在相克规律中，任何一行都有克我、我克的联系。

还是以水为例，克水者土、水克者火。对于水来说，土是其"所不胜"，火则是其"所胜"。

五行之中有生、有克，**生中寓克、克中寓生，才能保持事物的发展和平衡。**

制化规律

"制化"就是制约、生化的简称，这是把相生和相克联系在一起而言的。张景岳说："造化之机，不可无生，亦不可无制。无生则发育无由，无制则亢而为害。**必须生中有制，制中有生，方能运行不息，相反相成。**"

五行制化规律为：木克土、土生金、金克木，火克金、金生水、水克火；土克水、水生木、木克土，金克木、木生火、火克金，水克火、火生土、土克水。

五行制化规律不仅能够说明五行之间的复杂关系，而且在解释其他事物联系方面能够做到更加细致。只有对五行制化规律有深刻理解，才能灵活地运用五行学说。

相乘相侮规律

相乘即乘虚侵袭的意思，是某一行本身不足，原来克它的一行便乘虚侵袭，使它更不足。相侮，即欺侮的意思，指某一行本身太强盛，使原来克它的一行，不仅不能去克制它，反而被它所克制，故又称反克。

五行制化为正常现象，相乘相侮是反常的病理现象。五行中任何一行如果太过或不及，其生与克的关系便会失去平衡，制约生化的规律便会被打破，从而便会产生相乘相侮的贼害现象。以火为例，若火气不足，则水来乘之，金来侮之；而若火气太过，不仅会去乘金，而且会反过来去侮水。

相乘与相克在次序上虽然一致，但含义是不同的：相克是正常的生理现象，相乘则是反常的病理现象。

我为啥说认识了五行就认识了世界，也就认识了我们的身体？因为都是相对应的。五行对应着五岳（东岳泰山、南岳衡山、中岳嵩山、西岳华山、北岳恒山）、五向（东南中西北）、五季（春、夏、长夏、秋、冬），对应着我们从生到死的过程（生、长、壮、老、已），对应着我们的五脏（心、肝、脾、肺、肾），对应着我们的五种情绪（喜、怒、忧、悲、恐）等，下面这个表格就是对应关系。

五行对应表

五行	时令	方向	五气	生化过程	五色	五味	五音	五声	五脏	五腑	五体	情志	五窍
木	春	东	风	生	青	酸	角	呼	肝	胆	筋	怒	目
火	夏	南	暑	长	赤	苦	徵	笑	心	小肠	脉	喜	舌
土	长夏	中	湿	化	黄	甘	宫	歌	脾	胃	肌肉	思	口
金	秋	西	燥	收	白	辛	商	哭	肺	大肠	皮毛	忧	鼻
水	冬	北	寒	藏	黑	咸	羽	呻	肾	膀胱	骨	恐	耳（二阴）

在疾病的诊断和治疗上，五行的生克关系有着很大的指导和实用价值。

我以前在门诊上给人看病的时候，一上午就要看百十号病人。很多病人说我看病好，原因其实很简单：就是能够把五行与五脏的关系运用灵活。

记得有一次，一个病人慕名找我看病，这个人咳嗽很多年了，说话呼吸间感觉嗓子有痰，雾化也做了，抗生素也吃了，就是不好。后来我一问，这个人吃饭不好、肚子胀、大便稀。

我给他开了方药，七天来找我调一次方子。三周后，这个病人就好了。原因很简单，给人看病的时候不能"头疼医头，脚疼医脚"，要讲究整体论治。这个人咳嗽有痰，是肺病；吃饭不好、肚子胀等是脾胃病。中医讲，脾属土，肺属金，而土能生金，把脾胃调理好对他的肺病当然很有帮助。于是，我采用"培土生金法"，既补脾又养肺，病当然很快就除根儿了。

还有一次，有位女士带着她3岁半的儿子来找我看病，这位女士说，孩子最近不知道怎么回事，既不吃饭，也不喝奶，也不喜欢吃肉，愁死人了。

我看完了，给她说，去药店买1块钱的夏枯草，回来给孩子泡水喝。2天后，孩子就大口吃饭了。这位女士后来来感谢我，又是给功德箱里放钱，又是打扫寺院，说我真是神了。其实也没啥，我一看这个孩子是肝火旺。肝属木，脾属土。肝火旺盛的时候容易"肝木克脾土"，孩子的脾胃受克了，当然就不好好吃饭了。

希望大家也多去琢磨五行和世界、人体的对应关系，这对我们的健康大有益处！

四季不同，养生不能盲从

春季养生

春季节气包括立春、雨水、惊蛰、春分、清明、谷雨。立春标志着春季的开始。雨水后降雨逐渐增多。惊蛰时，各种冬眠动物苏醒。

春分时南北半球昼夜相等。清明时，外出踏青。谷雨是北方春耕作物播种的好时节。**春季养生要注意疏肝解郁，生发阳气。**

1. 多食蔬菜

一年之计在于春，春季是四季的开始。注意春季的饮食，对一年的健康都有好处。

春季气候干燥，风多雨少。因此我们要多吃主食来调养脾胃。每天早晨起来，要喝一杯温开水，帮助清洗肠道。春季阳气升发，与肝的特点相对应。因此，春季应注重调养肝脏。蔬菜中含有丰富的维生素与矿物质，可以疏通血管，还能够帮助肝脏进行代谢。所以春季要多吃蔬菜，如豆芽、菠菜、春笋等。

2. 户外运动

春季的气温回升较快，我们可以多参加一些户外运动。人们可以根据自身的情况来选择最适宜自己的运动方式，如外出踏青、打太极拳、散步等，让自己的身体活动开，充分沐浴在春季的阳光下。

3. 晚睡早起

春季可以晚睡早起。正所谓**一日之计在于晨**，早起效率高，大脑运行速度快，利于学习或者工作。失眠患者要学会自我调控，控制好自己的情绪，多笑笑。睡前精神要放松，可以用热水泡脚。中午也可以小憩一会儿，养神志。

4. 慎减衣物

乍暖还寒的时候，要注意衣物的增减，不要盲目减衣。"**春捂**"是非常有必要的，可以预防春季的一些流行病。

夏季养生

夏季是阳气最盛的季节。立夏、小满、芒种、夏至、小暑、大暑是夏季的节气。**夏季养生要注意清心除烦，养阴生津。**

1. 多喝水

夏季气温高，身体丧失水分多。因此，我们要每天喝够七八杯温开水。如不及时补充水分，会影响到人体的健康，容易使皮肤干燥。不要多喝甜味的饮料，这些饮料中含有很高的热量，当喝下这些饮品时，无形之中摄入了很多的热量。西瓜、桃子等水果，含水量很高，可以帮助人体降温，也能够为身体补充水分。

2. 多吃"苦"，少吃"冷"

虽然夏季天气炎热，但我们也要在饮食上下足功夫，最好做到一日三餐。夏天的饮食以清补、健脾、祛暑化湿为原则。蚕豆、赤小豆、白菜、苦瓜、荷叶、芹菜、薏苡仁等都很适合夏季食用，尤其是苦瓜、莲子心等略带苦味的食物，可以清心除烦、增进食欲。另外，夏季冷饮要适度，否则会伤及人体。

3. 尽量穿浅色的衣服

深色的衣服会吸收阳光，使人体表面温度升高，让人感到燥热，而穿浅色的衣服就没有这个问题，可以让人心神舒爽。

4. 通风透气，适度运动，善养心神

夏季早晚气温略低，可以开窗通风，保持室内空气清新。污浊的室内空气不仅会让人心烦意乱，而且对人体的健康大大不利。人

们可能会感染各种疾病。

避免大汗淋漓。夏季可以进行一些温和的运动，但要适量。可以进行散步、瑜伽、太极拳等运动，在运动后要及时补充水分。游泳是夏季常见的运动方式之一，不仅可以锻炼人体的四肢，对血管也十分有益。

晚上 11 点之前要入睡。中午睡个好午觉可以养心安神。情绪上要保持平和，不要心神不宁、烦躁不安，这样对于养护心神是非常不利的。

秋季养生

秋季的节气包括立秋、处暑、白露、秋分、寒露、霜降。秋季在五行中属金，是收获的季节，在五脏中与肺对应。肺为娇脏，很容易被秋燥所伤。因此，**秋季养生以滋阴润肺为主。**

1. 合理膳食

秋季饮食宜清淡，多食新鲜的水果蔬菜。秋季天气干燥，在秋季食用银耳特别适宜。银耳可以养胃生津，滋阴润肺。

李时珍在《本草纲目》中说："蜂蜜入药之功有五：清热也，补中也，润燥也，解毒也，止痛也。生则性凉，故能清热。熟则性温，故能补中。"所以，秋季食用蜂蜜对人体也有好处。

秋季早晚可以多食粥以养神，如百合莲子粥、银耳冰片粥、黑芝麻粥、小米粥等。秋季天气干燥，所以要多饮水，但饮水也有讲究，不宜大口大口灌水，而应少量多饮。

2. 穿衣注意保暖

秋季气温下降，要及时增添衣物。老年人要顺应气候变化，适当注意保暖，以防止感冒和呼吸道疾病。

3. 保持乐观情绪

肺在情志中属"悲"。秋季阴雨绵绵，万物凋零，容易让人感到凄凉。要注意调养情志，学会调整自己的心情，保持内心的乐观旷达。可以进行体育运动，与他人聊聊天，养养花，修身养性。

冬季养生

冬季的节气包括立冬、小雪、大雪、冬至、小寒、大寒。**冬季阳气闭藏，万物休整，应该顺应这一特点来养生。**

1. 适度进补，平衡膳食

冬季进补可以提高人体的免疫力，还可以将滋补品的有效成分储存在体内，为来年的健康打下基础。俗话说"**三九补一冬，来年无病痛**"便是这个道理。但是，冬季进补并不适合每个人，对寒冷有良好适应能力的年轻体壮之人就不必进补。而且，体虚之人冬季进补要适度，不能盲目进补。对于脾胃功能不好的患者来说，冬季进补以易于消化为准则，进补时要注意兼顾气血阴阳，不可一味偏补，否则会引发其他疾病。在患有感冒、咳嗽等外感病症时进补，可能会出现留邪为寇的后果。

要注意，冬季光靠进补来调理身体是不行的，还要注意适当的运动锻炼，合理膳食，方能养生。

人本无病
行贵禅医悟语 2

2. 保持室内空气流通

冬季气温低，人们习惯于紧闭房门、窗户。如此会造成室内二氧化碳的浓度过高，室内空气会受到严重污染。人在这样的环境中会出现头昏、疲劳、食欲不振等现象。因此，保持室内空气流通非常重要。

遵循二十四节气的气候特点来指导人们的养生，对于人体具有重要的意义。我们要深刻地了解二十四节气中每个节气的特征，做到一年四季心情愉悦，合理膳食，适度锻炼。

天人相应，道法自然

一花一世界，一佛一如来。 我们永远不要忘了，自己是自然界的生物之一，生活在自然环境之中，时刻受到自然变化的影响，人体也不断发生与之相适应的反应。在《黄帝内经》里将此称为"**人与天地相应**"。人生存在大地上，其生命活动和自然界有着密切的关系，天地之气正常，环境适宜，才有利于人们的生存。同时，人能适应四时的变化，沧桑的变迁，则自然界的一都是生命的泉源。**能了解和掌握自然规律，就能顺应自然、改造自然，做到万物为我所用。**

我患癌症以前，每天都有看不完的病人，每天都有人请我去讲学，我的心不是自然心，成了名利心。时间久了，癌症来了。病倒后，我天天在山里锻炼身体，才感慨：以前天天忙，哪里知道山里开的花那么漂亮，山里的牛羊那么自由，山里的风雨那么的温润，山里的食物那么的干净。

我为什么会得病？大自然四时气候的变化、六气（风、寒、暑、湿、燥、火）的形成在正常情况下对人体是有利的。六气的产生是

天人相应，道法自然

宇宙间大气变化之结果，各有其特性和功用。

《黄帝内经》说："燥以干之，暑以蒸之，风以动之，湿以润之，寒以坚之，火以温之。"由此可见，古人已经知道，六气虽然是由气候的变化而产生的，但它又有互相调节偏颇的有利作用。正常的六气变化，对生物的生长、发育是有利的。人应尽可能地适应自然的变化，以保证身体的健康。

但是，当你的身体变弱的时候，六气就变成了"六淫""六邪"。这对一切生物的生长发育都是不利的。打个比方说，原本下雨是多好的事情啊！但是你得了类风湿性关节炎，一下雨关节就疼，那这种"湿气"对你来说就是"湿邪"。

所以《素问·六节藏象论》里说："苍天之气，不得无常也。气之不袭，是谓非常，非常则变矣……变至则病。"

我现在非常感谢我的恩师上德下禅老师傅，从小教我背了很多古文，都印在脑子里，闲的时候反过来再读，越读越有味儿。

四时的变迁，六气的变化，对人体是有影响的，但人体的健康不仅仅取决于外界因素。正所谓**"正气存内，邪不可干。"**这就是说，人体如果有足够的抵抗力，邪气就不能为害。在这个问题上中西医的观点是一致的。

禅医强调"人与天地相应""天人合一"。我们的祖先在长期的观察与实践中，认识到人类的生存与四时气候变化有着密切的关系，因此，强调在生活起居和思想活动方面，都要随时适应四时生长收藏的规律，以保持内外环境的协调，做到养生、养长、养收、养藏。

这种预防为主的思想，是建筑在中医学整体观念的基础之上的。《灵枢》指出，一般疾病大都是早晨稍轻，白昼保持安宁状态，黄昏时加重，而夜晚则更加厉害，这是由"四时"气候变化的影响。

《灵枢》还说，春气主生，夏气主长、秋气主收、冬气主藏，这是一年中四时六气的正常现象。如以一天来分四时，则早晨为春、日中为夏、黄昏为秋、夜半为冬。

人体的节律和四时生长收藏的规律是相应的，所以才会出现一日当中病情的起伏。这种把人与自然界联系起来确立预防观点以及对病情变化的解释，是中医学整体观念的具体体现。大家在调养身心的时候也要很好领会这个精神。

精气神足，万事如意

天有三宝"日月星"，地有三宝"水火风"，人有三宝"精气神"。**养生，主要养的就是人的"精气神"。**做人就得有精气神，精气神十足的人身体好，工作好，家庭好，事事顺心！所以，这节我来讲讲精气神。

精足身体棒

咱们看身边的人，有些人精力就特别旺盛。你工作半天就头昏脑涨的，人家却跟刚充满电的电池似的。这些人就是精足！

精是构成人体、维持人体生命活动的物质基础。从广义上说，精包括精、血、津液，一般所说的精是指人体的真阴（又称元阴），不但具有生殖功能，可促进人体的生长发育，而且能够抵抗外界各种不良因素影响而使人体免于发生疾病。

1. 先来说说精

精是构成人体和维持生命活动的基本物质，藏于肾中。它来源于先天，为先天之本；又依赖于后天水谷精微的滋养和补充，才不会衰竭。

广义之精为无形之精，又叫元精。它具有强大的生命力，有促进生长发育、抵抗不良刺激，提高免疫功能，防止疾病的作用。它的盛衰决定着人的健康与衰老，长寿与夭亡。

狭义之精为生殖之精，它具有生殖繁衍之功能，是为先天之精。

饮食中的营养物质，经过脾胃消化、吸收而获得的水谷精微，是维持生命活动的物质基础，叫作后天之精。

后天之精的化生需靠先天之精的温煦，先天之精要靠后天之精的滋养和补充。在人体的生命活动过程中，精不断被消耗，又不断得到补充。

2. 其次说说血

血本源于先天之精，但其再生则来源于水谷精微。血液来源旺盛，则身体强壮；来源不足或耗损过多，则百脉空虚而身体衰弱。肌肤得不到足够的血液，就会麻木不仁；四肢得不到足够的血液，就会手足不温，甚至萎废不用。

总之，不论内在器官还是外在皮毛，都必须得到血液的灌注和充养，都必须有血液的不断循环，才能维持本身的正常代谢和生理功能。

3. 最后讲讲津液

津液是人体内除血液以外的一切正常有用的液体。津液也是由饮食水谷所化生的——由水谷精微在脾的转输和小肠的分清作用下生成，具有濡养人体脏腑组织的作用。

津液是津和液的统称，清稀者为津，浊稠者为液。津随着三焦的气化，渗透浸润于肌肉、腠理、皮肤之间，以温养肌肉、充润皮肤；液随三焦气化而布散，流行浸润到关节、脑髓、空窍、六腑等处，以滑润关节，补益脑髓，润泽空窍，协助六腑更好地完成消化吸收功能。

津与液本属一体，俱由水谷化生，在表者为津，在里者为液。它们在环流过程中，互相影响，互相转化，故常津液并称，不予严格区分。

津液的环流代谢过程是：饮入于胃，吸收后经脾的运化，上输于肺，在肺气的肃降作用下，将其中清的部分宣发到皮肤肌腠，多余无用的部分排出为汗；清中之浊，由三焦水道下行，入归于肾，经肾的开阖，将浊中之清吸回三焦上输于肺，参加新一轮循环；浊中之浊排入膀胱，经蒸化后排出为尿。

同时，津液在三焦气化过程中，还要不断渗透到全身脏腑组织，其中部分津液从组织渗入经脉，回归血液，成为血液的一部分。血浆也不断渗入组织，成为组织液。这既是维持体内液体平衡的需要，也是机体营养代谢的需要。

人活一口气

俗话说"人活一口气，佛争一炷香"，但是，啥是气？气的含义复杂而广泛，大体上可分为两个方面，一指具有营养价值的水谷精微和氧气（中医称为清气）；二指脏腑功能活动本身及其动力。

人有气才能活，所以气的活动力极强，充满全身，不断运动——其运动形式基本上可用"升、降、出、入"来概括。

《素问·六微旨大论》说："**非出入，则无以生长壮老已；非升降，则无以生长化收藏。**"升降出入是气的运动方式，也是人的生命活动的表现形式。

肺主呼吸、吐故纳新，有宣有降；肾主纳气，肾水升腾，心火下降；脾升胃降而纳水谷，吸收精微，排泄糟粕……

气机一旦紊乱、升降失常、出入不利则会发生病态，如肝气郁结、肝气横逆、胃气上逆、脾气下陷、肺失宣降、肾不纳气、心肾不交等，均为气的升降出入失调而致。

我们锻炼身体的目的就是要条达气机，使气的运行正常化，使其各司其职，更好地完成其生理活动功能。这就是锻炼身体能防病、治病、强身健体的原因所在。

快乐似"神"仙

神是脏腑机能活动的外在表现，包括人的感觉、听觉、视觉、动作、思维等一系列精神活动。一般来说，人的精神活动与自身机体的精、气、血、津液等是相互依存不可分割的整体。精满气足则神旺，精衰气竭则神疲。精、气、神三者是人体生命活动的根本，三者之间可以互相资生。精充、气足、神全是健康的保证，精亏、气虚、神耗是衰老的原因。

我们当中医大夫的，见的病人多了，眼一瞟，就能知道这个人病情的轻重。走路昂首挺胸、神气十足的人病能重吗？眼睛炯炯有神的人病能重吗？当然不会！

但是，在现代社会，大家的生活节奏特别快，精气神消耗较大，所以有些人会感觉到特别累，烦心事特别多，长此以往，身心俱疲，闷气渐长，人容易失控，人缘就会变坏，事业和家庭也很容易出问题，怎么办呢？

佛曰：**人在荆棘中，不动不刺。少要一些，少争一些，哪儿来那么多病呢？**我为啥说病都是想出来的？原因就在于此！学会放下，不争，利他，多做一些静功，精气神自然充足，人缘也得以改善，自然万事顺利！

经络通，定死生

从小德禅师父就教我们，要想学好禅医，不把经络刻在你们的心里，就是白学。**经络通，定死生**，把人的经络疏通了，再大的病也能好。

现在，很多中老年朋友都在学艾灸、推拿，我在这里提醒大家，经络是根本。经络是条条大小道路，穴位是路口，不懂经络的走向，盲目刺激某个穴位，却不知道这个穴位在起什么作用，那怎么能把病治好？

啥是经络？经络是人体组织结构的重要组成部分。它是沟通表里、上下，联络脏腑组织和运行气血的独特系统。

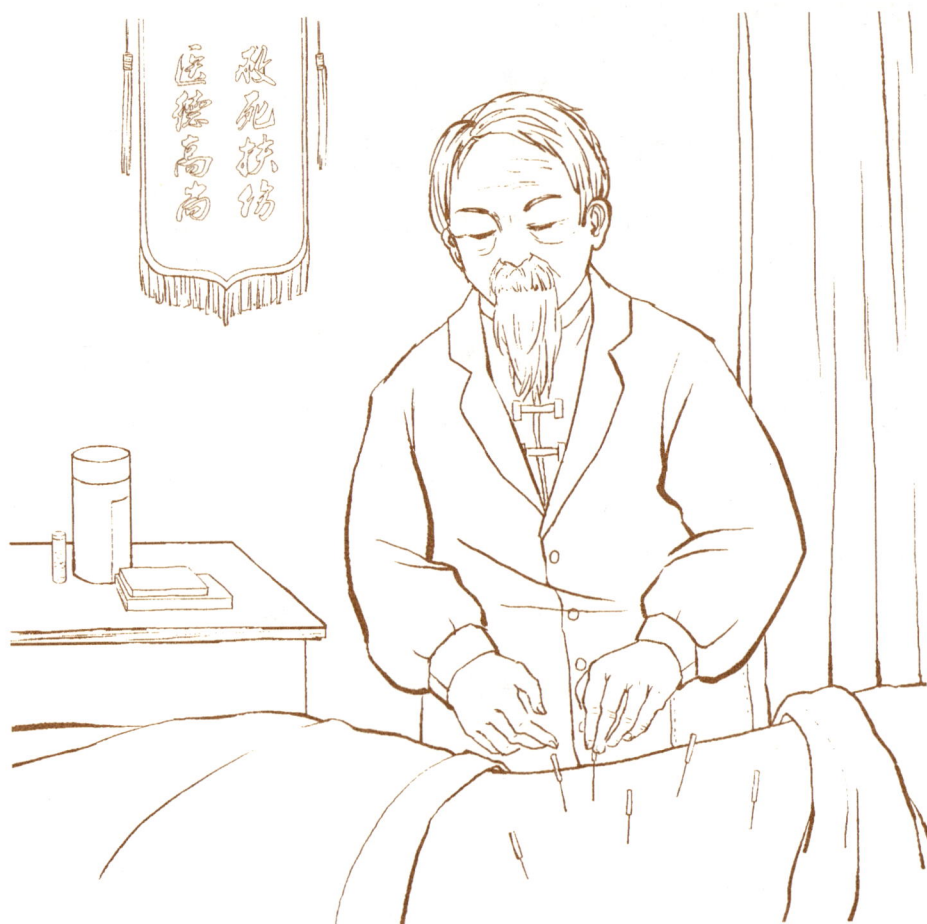

经络通，定死生

经络是十二经脉、奇经八脉、十二经别、十二经筋、十二皮部、十五别络、孙络、气街、四大海的总称。经就是"路径"的意思，是经络系统的纵横主干，位于机体的较深部位，与脏腑直接相通，在头面、四肢之间逐经相传，构成了整体循环。

经别是由十二经脉所别出，在阴阳经之间离合出入而形成表里配偶、着重于深部的联系。

经筋则起于肢末，行于体表，终于头身而有三阴三阳的会合，着重于浅部的分布和联络。

奇经八脉类似于湖泊之于江河，有调节十二经脉气血流量的作用。

络为网络的意思，十五络脉为经脉传注的纽带；其他的络与孙络则错综分布于诸经之间。如此构成了复杂的网络系统和错综的循行通路。

气街为气的通道。四大海是脑髓之海（在百会之下、风府之上的后脑部位）、气海（在膻中穴）、水谷之海（在中脘）、血海（冲脉）。它们也是经络的组成部分。

历代医家对经络学说都十分重视。《灵枢·经脉篇》说："**经脉者，所以决生死，处百病，调虚实，不可不通。**"因此有"治病不明脏腑、经络，开口动手便错""经络不能明辨，而妄谈气功，则如盲人骑瞎马，无所适从"之说。

经络内属脏腑，外络肢节，所以"决生死，处百病，调虚实，不可不通"，从这里就可看出它的重要作用，概括起来，主要在三个方面。

行气血，通阴阳

前面已经讲过，经络为气血运行之通道，而气为血之帅，血为气之母，二者密不可分。在经络中运行的气称为经气，一般来说多为营气。它们通过经络周流全身，有养脏腑、濡筋骨、利关节等作用。

反映疾病，抵御疾病

中医认为：有诸内必有诸外，有诸外必有诸内。这就是说，咱们身体内在的疾病必然要反映到体表部位来。而体表部位有不适，也反映了特定的内在疾患。这种反映的渠道就是经络。正因为有了这种信息的通道和窗口，医生才能诊病。

沟通内外信息

经络"内属脏腑，外络肢节"，而且相互之间纵横交错，连接如蛛网、沟渠。"气不得无行也，如水之流，如日月之行不休。故阴脉营其脏，阳脉营其腑，如环之无端，莫知其纪，终而复始。"

这里把气血运行与自然界的水流和日月运行现象联系起来，体现了"人与天地相参""与日月相应"的论点。人生活在自然界，与自然界息息相关，人体的气血运行和自然现象一样有其节律性，而且与自然变化相应。

正如《素问·八正神明论》所说："天温日明，则人血淖液而卫气浮，故血易泻，气易行；天寒日阴，则人血凝泣而卫气沉……是以因天时调血气也。"

可见，经络不仅是行气血，调阴阳之通道，也是联系人体内外环境的要津。只有理解这一点，把握这一点，治疗才能事半功倍。

顺天应人路路通，逆天而行处处难

佛说，人生有八苦：生、老、病、死、爱别离、怨长久、求不得、放不下。怎么远离这些苦？放下！

怎么放下？顺天而行。所以，我们要知道什么是"天人相应"。人与万物，皆生于天地气交之中，人从之则生长壮老已，万物从之则生长化收藏。人虽有自身特殊的运动方式，但其基本形式——升降出入、阖辟往来，是与天地万物相同、相通的。

所以，春天百草萌芽，百花盛开，我们要去踏青。夏天天气炎热，我们要到青山绿水间去，适当出出汗，不要老待在空调室里。秋天我们要登高，避免悲伤。冬天我们要减少活动，储藏精气。

这就是顺天而行，只有这样我们才能有个好身体。

给大家讲个禅宗的故事吧。

有一位高僧，是一座大寺庙的方丈，因年事已高，心中思考着找接班人。

一日，他将两个最得意的弟子叫到面前，这两个弟子一个叫慧明，一个叫尘元。高僧对他们说："你们俩谁能凭自己的力量，从寺院后面悬崖的下面攀爬上来，我就把方丈之位传给谁。"

慧明和尘元一同来到悬崖下，那真是一面令人望之生畏的悬崖，崖壁极其险峻陡峭。

身体健壮的慧明，信心百倍地开始攀爬，但是不一会儿就从上面滑了下来，他毫不气馁，爬起来重新开始，尽管这一次小心翼翼，但还是从山坡上面滚落到原地。

慧明稍事休息之后又开始攀爬，尽管摔得鼻青脸肿，他也绝不放弃……让人感到遗憾的是，慧明屡爬屡摔，最后一次他拼尽全身之力，爬到半山腰时，因气力已尽，又无处歇息，重重地摔到一块大石头上，当场昏了过去。高僧不得不让几个僧人用绳索将他救了回去。

接着轮到尘元了，他一开始也是和慧明一样，竭尽全力地向崖顶攀爬，结果也屡爬屡摔。后来，尘元紧握绳索站在一块山石上面，打算再试一次，但是当他不经意地向下看了一眼以后，突然放下了用来攀上崖顶的绳索，然后整了整衣衫，拍了拍身上的泥土，扭头向着山下走去。旁观的众僧都十分不解，难道尘元就这么轻易放弃了？

正当大家对此议论纷纷之时，只见尘元到了山下，沿着一条小溪流顺水而上，穿过树林，越过山谷……最后没费什么力气就到达了崖顶。

高僧看到后非常满意。尘元向师兄弟们解释：寺后悬崖乃是人力不能攀登上去的。但是只要于山腰处低头下看，便可见一条上山之路。师父经常对我们说**"明者因境而变，智者随情而行"**，就是教导我们要顺天应人啊。

中国自古讲究"天人合一"，据我理解，天人合一不光是要"顺天"，还要"应人"。啥是孝？孝顺孝顺，顺就是孝。啥是爱，把你的爱人当成最好的朋友去理解，这才是爱。

水静则清，人静则慧

静可生慧。心若清静，则道自来居，万神生心，神明存身（这里的神，与中医学精、气、"神"的含义是相同的）。心清意静，可以感觉到常人所感觉不到的东西，考虑到一般人考虑不到的情况，使大量闲置的、蕴涵有极为丰富信息的脑细胞的潜能发挥出来，并使其高度同步有序。故释迦牟尼主张"应生清静心""**信心清静，则生实相**"。**心静才能感觉到真实的东西，产生超人的智慧。**

松可生静，又可助通，使人经气通畅，心安神静。松为静之基，静为松之果，松静为无为之法，可实现人与宇宙的统一。宇宙是个"巨型大脑"，人脑是其中的一部分，故能反映宇宙的信息。松静无为之法可焕发智慧，激活大脑，直接感知外界情况。

再给大家讲个禅宗故事吧。

水静则清，人静则慧

从前有位虔诚的女子，她每天都从家里带一些鲜花到寺院供佛。

这天，当她把鲜花送到佛殿时，正遇到无德禅师，无德禅师非常欣慰地说："你每天都这么虔诚送花供佛，来世当得庄严美丽相报。"

女子非常高兴地说道："我非常愿意这样做。我每次送花礼佛时，就自觉心灵像清泉洗涤过一般的清凉，但回到家中，却又乱如丝麻了。作为家庭主妇，怎样在喧嚣的尘世中保持一颗清净纯洁的心呢？"

无德禅师反问她道："你常以鲜花献佛，想必你一定知道如何使花朵保持新鲜吧？"

女子答道："是的，保持花朵新鲜的方法，莫过于每天换水，并且在换水时要剪去一截花梗，因为这截花梗已经腐烂，不易吸收水分，花朵就容易凋谢。"

无德禅师道："这就对了，要保持一颗清净纯洁的心，其道理也是一样的。我们就好比是花，我们的生活环境就像花瓶里的水，唯有不停地净化我们的身心，变化我们的气质，时时忏悔、改进，才能不断地从大自然中汲取营养。"

女子听后说道："谢谢禅师开示，希望以后有机会能走近禅师，在禅院过一段晨钟暮鼓、菩提梵呗的宁静生活。"

无德禅师答道："你的身体是寺宇，脉搏是钟鼓，两耳是菩提，呼吸是梵呗，无处不宁静，又何必要到寺院中生活呢？"

十二时辰养生法

现在我们的时间被分为 24 小时，但是古代的计时方法可不是这样，古人用自己的智慧把时间分成十二个时辰，每两个钟头对应一个时辰，十二时辰养生法也由此产生，我们也把它称作每日养生法。

十二时辰和我们的五脏六腑是对应的，每个时辰都有一个经、一个脏腑当令，所以我们要在不同的时辰对脏腑进行保护，才能身体健康，气血充沛。

十二时辰养生法

子时熟睡好胆量

子时，晚上 23 点到凌晨 1 点，胆经当令。

这个时候人体的阴气最盛，阴主睡眠，在子时，我们应该睡觉，并且进入熟睡的状态，这样才能养出一个好胆量。我们在生活中说到某个人的时候，常常会说，那个人不行，没胆，成不了事儿。为什么？

《黄帝内经》里说："**凡十一脏，取决于胆也。**"心、肝、脾、肺、肾、胃、小肠、大肠、膀胱、心包、三焦的功能要想正常，都得取决于胆气的生发。所以，子时一定要进入熟睡状态。

《素问·灵兰秘典论》中说："**胆者，中正之官，决断出焉。**"胆是管决断的，你的胆气不足，关键时刻就不够决断，做事能成功吗？事业能顺利吗？咱们现在很多人是"夜猫子"，整天熬夜不睡觉，看似为了事业拼搏，实际上却可能会起到反作用。

怎么养胆呢？教大家个简单的办法，敲胆经。这个方法非常简便，双手呈空拳，从大腿的根部到膝部，敲打大腿的外侧。胆经是少阳经嘛，所以在大腿外侧。每天敲打 50 次左右，以大腿两侧有酸麻的感觉为佳。还有一点需要提醒的是，咱们日常饮食不要过于油腻，否则容易使胆经过于湿热，发生胆结石。

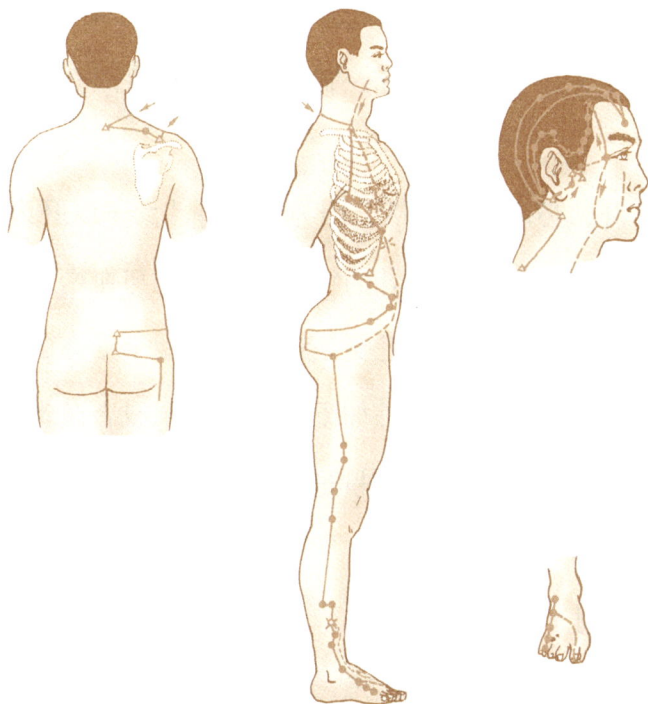

足少阳胆经

丑时养肝血脉旺

丑时，凌晨 1 点至 3 点，肝经当令。

肝主生发，使阳气逐渐生成，又有造血、解毒的功能，但需要人体进入睡眠状态才能高效运行。所以这个时候就不能熬夜，打游戏，喝酒了，否则肝脏就不能正常工作，长期下去就会出问题。

《素问·五脏生成论》说："**故人卧血归于肝**。"什么意思？就是说人在躺下休息时血会归于肝脏，这时候才能滋养肝脏。另外，"**人动血运于诸经，人静血归于肝**"，当咱们发怒的时候，情绪有巨大波动的时候，身体的需血量会增加。当我们情绪稳定的时候，大量血液储藏于肝。所以，我们要想把肝脏养好，一定要在夜里 1 时到 3 时进入熟睡状态，平时要注意控制好情绪，不要因一点小事跟人吵架、发怒等。

说到养肝，必须讲讲女性，因为中医讲"**女子以肝为先天**"。女子生理上具有经、孕、产、乳的特点，这些都与血密切相关，而肝主藏血，亦主疏泄。肝气的舒畅条达，对于女子身体的气机正常运行具有十分重要的作用。肝脏如果藏血少了，或者疏泄不够，那么女子在月经上就会表现为月经量过少，或者月经周期延长。肝气如果疏泄太过，就容易产生崩漏。

另外，肝对于情志影响也很大。正因为女子以肝为先天，所以女性爱生气，心眼小，有闷气常常会憋在心里。这也是女性易患乳腺增生、乳腺癌等疾病的原因。所以，女性要养成开朗的性格，凡事想开些。

在这里给爱生气的女性推荐一个小验方：玫瑰花、柴胡各 3 克，用开水冲泡后，闷上 5 分钟，然后当茶喝就可以了，有疏肝解郁、行气活血之效。

在这里还要跟大家强烈推荐一个穴位，那就是"消气穴"——太冲穴。太冲穴很好找，就在咱们的大脚趾缝往脚背上二横指（自己的手指）宽处，第 1、2 跖骨结合部前方凹陷中，此处可以摸到动脉搏动。这个穴位就像人体的出气筒一样，它是肝经的原穴，常揉这个穴位，可以疏泄肝火，所以叫消气穴，如果感觉生气、郁闷的时候可以多揉揉这个穴位。

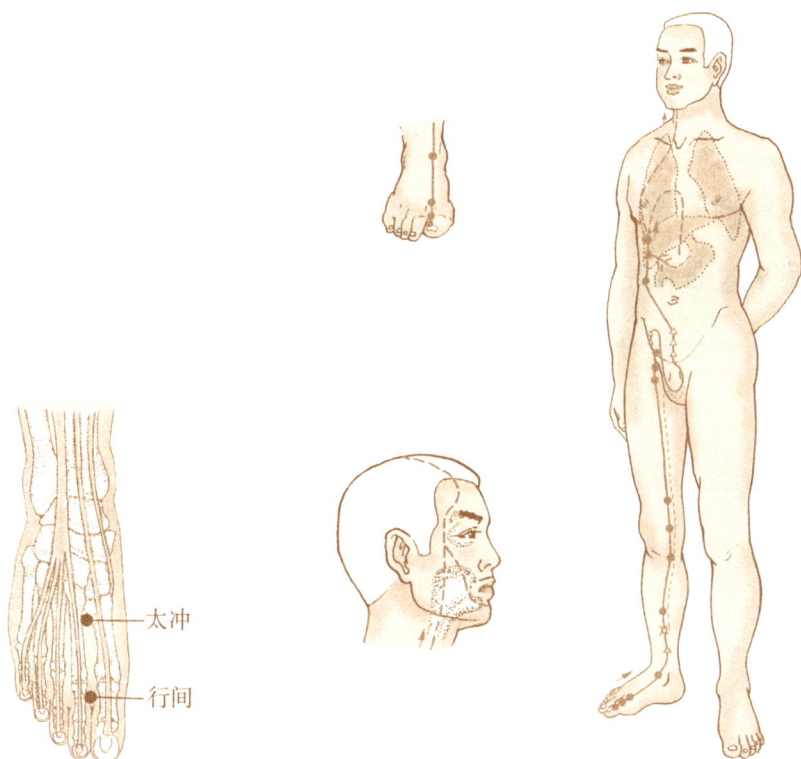

太冲

行间

足厥阴肝经

寅时养肺治咳嗽

寅时，凌晨 3 点到 5 点，肺经当令。

在生活中，很多有咳嗽的人深有体会，在每天凌晨 3 点到 5 点的时候，会咳得非常厉害。为什么？因为这个时间是十二时辰里的寅时，肺经当令，肺在这个时候承接肝所收藏的血液，进行统一分配。如肺功能异常或者有支气管炎、哮喘等疾病的人，在肺经当令时就会有反应，如咳嗽、吐痰等。而且，在这个时辰阴阳开始平衡，所以号脉也能得到最准确的结果。

中医说，肺为娇脏，就像个柔弱的女子一样，娇滴滴的，所以一定要注意保养。这几十年来，我见到的肺气虚的人非常多，典型症状是少气乏力、动则气喘、体虚易感等。这类人在生活中要多吃一些白色的食物，如梨、百合、甘蔗、银耳等。

我平时遇到肺气虚的人，还会给他们推荐两个穴位，一个是太渊穴，还有一个是太白穴。太白穴是脾经的原穴，太渊穴是肺经的原穴。

为啥还要用上脾经的穴位呢？

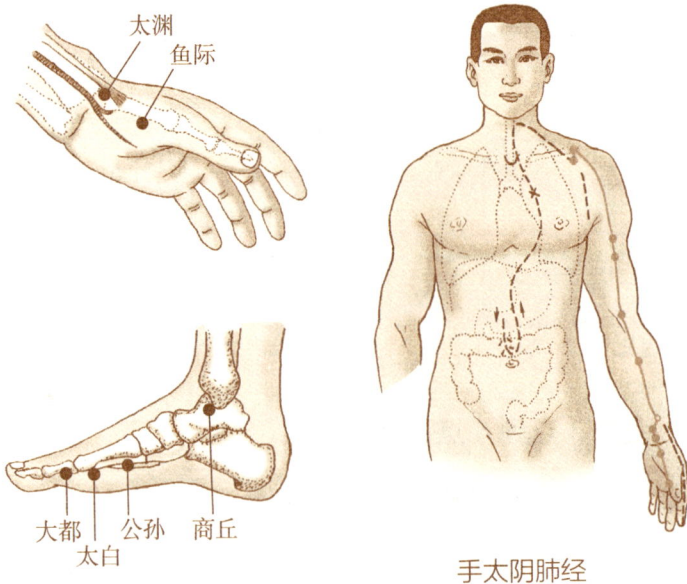

手太阴肺经

中医讲，肺属金，脾属土。土生金（这点很好理解，金子都藏在土里嘛），所以揉揉脾经上的穴位可以培土生金，这就是健脾益肺法。每天这两个穴位各揉上 150 次，效果非常好。

卯时排毒一身轻

卯时，凌晨 5 点到 7 点，大肠经当令。

咱们平常百姓家，有时候早晨会出现一个有趣的现象，那就是争着上厕所。如果你们家有这样的情况，那可是个好事情。为什么要这样说呢？因为每天早晨 5 点到 7 点，对应着十二时辰里的卯时，这时候大肠经当令。

《素问·灵兰秘典论》说："**大肠者，传导之官，变化出焉。**"可见，此时大肠经值班，血气流注于大肠，大肠经的经气最旺，是排便的最佳时刻。所以，**早晨起床后喝杯温开水**，然后去卫生间把一天积攒下来的废物排出体外，这样人体的很多毒素就被排出来了，对健康非常有益。但只有寅时肺气充实了，卯时大便才会正常排出。因为肺与大肠相表里嘛，肺与大肠的阴阳关系和合了，大便自然不会干结了。

现在，便秘的人特别多。这跟现代社会生活紧张、工作节奏快、人们吃太多荤腥之食或精细食物等有关。如果你经常便秘的话，可以取核桃仁、芝麻仁各 30 克，捣烂后用开水冲服。这两种食物均含大量油脂，有助于润肠，可消除便秘宿疾。当然，年轻的、牙口好的可以直接嚼着吃。病情轻微者，一般吃上三五天，大便就正常了。当然，引起便秘的原因很多，中医认为，便秘分为热秘、寒秘、气虚秘等，如果感觉上面的小验方效果不好，最好到医院去就诊。

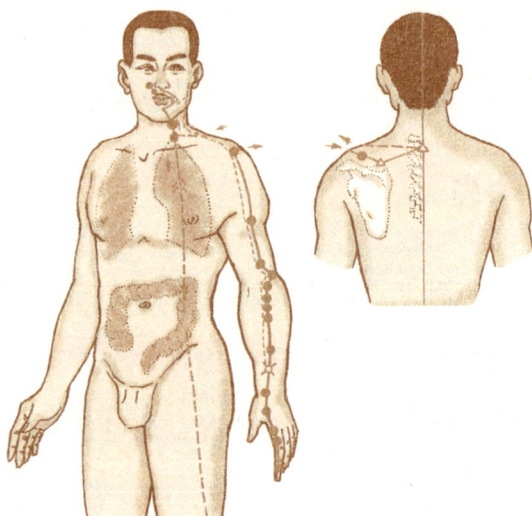

手阳明大肠经

辰时早饭好营养

辰时，早上 7 点到 9 点，胃经当令。

咱们平时说到十二生肖，经常说"辰龙"。你想在一天里生龙活虎、精力十足吗？那就按时吃早饭吧，因为胃在此时最容易接纳食物。注意，早餐要营养均衡，富含蛋白质，除了鸡蛋之外，还可以适当吃一些荤食。

《黄帝内经》中说："**胃者，五脏六腑之海也，水谷皆入于胃，五脏六腑皆禀气于胃。**"也就是说，胃是储存饮食的器官，是生成营养物质供给五脏六腑活动的源泉。所以，早饭一定要吃好，最好吃的种类多一些，营养全面一些，要不然就会影响到一天的工作、学习、生活，时间久了，还会患上胃病。

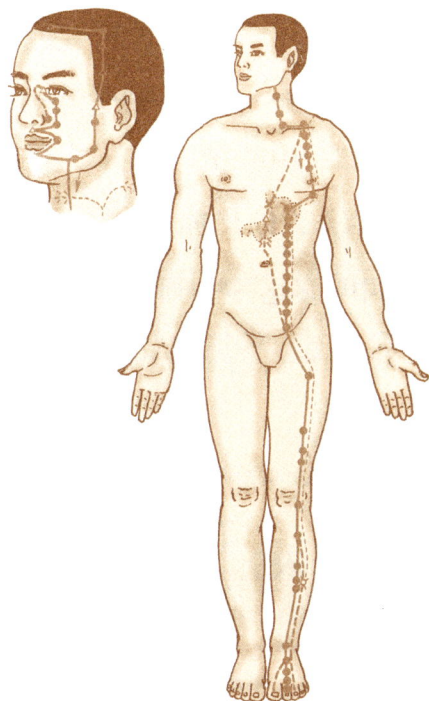

足阳明胃经

巳时养脾助消化

巳时，上午 9 点到 11 点，脾经当令。

这个时候大脑活力最旺盛，也是一天中的黄金时段，上班族效率最高，老人适合锻炼身体，学生的学习效率也是最高的，所以早饭要吃好，脾经才能吸收足够的营养，以为大脑提供充足的能量。

中医认为，**脾为后天之本，气血生化之源**。胃将我们吃到胃里的食物腐熟后，需要靠脾来做进一步的消化，脾通过运化将饭食中的精微物质给提取出来，并且将这些精微物质输布到全身，供养人身体活动的能量。

大家一定要注意"脾为气血生化之源"这八个字。《素问·灵兰秘典论》说："**脾胃者，仓廪之官。**"脾的运化水谷精微功能旺盛，则机体的消化吸收功能健全，才能为化生精、气、血、津液提供足够原料，才能使脏腑、经络、四肢百骸，以及筋肉、皮、毛等组织得到充分的营养。所以，我们在生活中要多吃一些补脾的食物，像薏苡仁、粳米等。

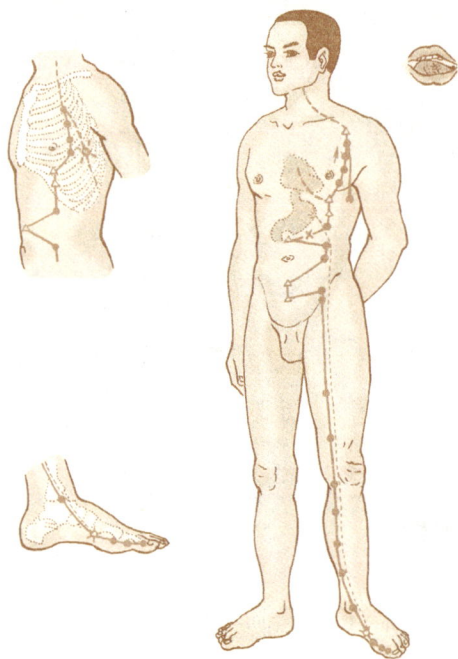

足太阴脾经

午时睡觉好心情

午时，上午 11 点到下午 13 点，心经当令。

这个时候人体的阳气最旺盛，所以吃过午饭后要睡午觉，调和阴阳，这样才能保证下午的精神。阳虚的人如果利用好睡午觉的机会，能够滋养阳气，保养心脏。

《黄帝内经》上讲："**心为君主之官，主血脉，主藏神，其华在面**。"现在，门诊上患心脑血管疾病的人特别多。很多人就是因为没有养护好心脏，结果突发心脏病离开了人世。

只有养好心脏，才能心气旺盛，才能使血液在脉内正常运行；如果心气不足，就会使心血管系统内部发生动乱，此时心律不齐、心律失常、心绞痛、心肌梗死都会来找麻烦。所以，患有心血管疾病的人要注意养护心脏阳气。每天午饭后，适当散步。我在每天吃过午饭后，都要走上 3000 步，无论刮风下雨。另外，建议大家这时候一定要午睡。子时属阴，午时属阳。睡个子午觉，阴阳合和，人才能气血顺畅，百病不生。

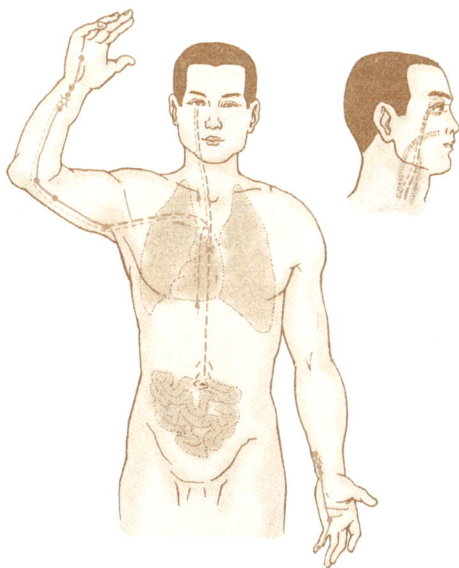

手少阴心经

未时小肠分清浊

未时，是下午 13 点到 15 点，小肠经当令。

此时的小肠要把胃加工好的精华，经脾吸收后进行二次分清别浊，转化为营养输送到全身，使人体发挥正常的功能。

《类经》中说："**小肠居胃之下，受盛胃中水谷而分清浊，**水液由此而渗于前，糟粕由此而归于后，脾气化而上升，小肠化而下降，故曰化物出焉。"其实这就是讲小肠泌别清浊，把水液归于膀胱，通过尿道排出；糟粕送入大肠，通过肛门排出。精华上输于脾，脾气散布精微物质，把它分配给各个脏器。

民间常说，一日三餐里，"**早餐吃得像皇帝，午餐吃得像平民，晚餐吃得像乞丐**"。皇帝怎么吃饭？一顿要吃几百样儿，吃得非常全。平民怎么吃饭？四菜一汤。乞丐怎么吃饭？有一点儿就可以了。所以，咱们中午吃饭的时候，要吃得相对简单一些。这样到了未时，才不

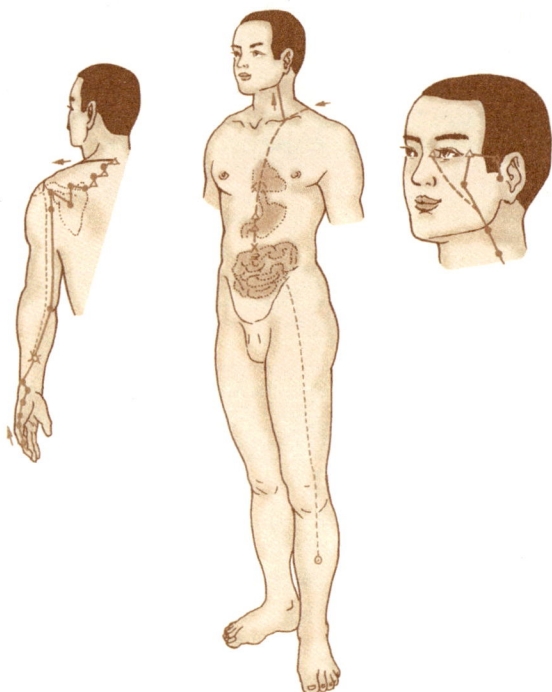

手太阳小肠经

会给小肠增加太多负担。但是咱们看现在的人，因为工作的地方离家较远，早餐最简单，午餐一般般，晚餐吃的却多是肥甘厚腻之品，非常不利于消化吸收。

申时排毒膀胱经

申时，下午 15 点到 17 点，膀胱经当令。

此时人体把大量代谢废物合成为尿液，输送到膀胱，准备排出体外。

《黄帝内经》上讲："**膀胱者，州都之官，津液藏焉，气化则能出矣。**"通俗地讲，膀胱的生理功能就是储存与排泄尿液。所以，这时候我们最好喝上一杯温开水，帮助排小便。

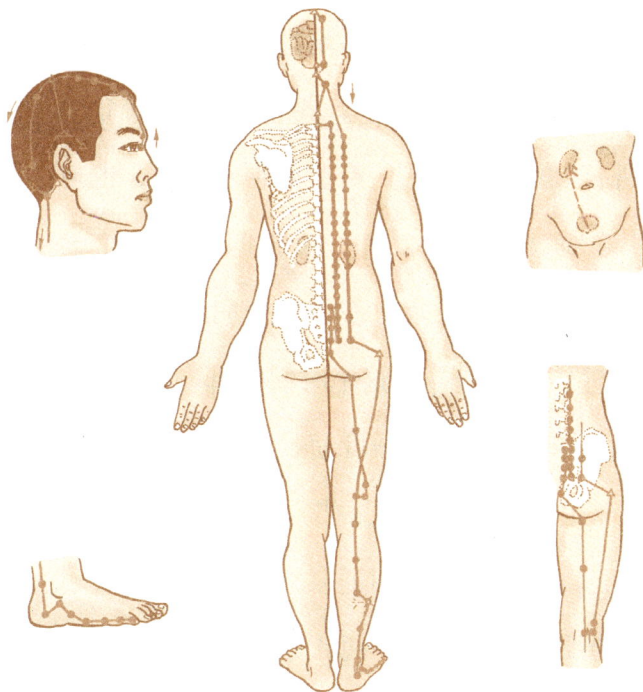

足太阳膀胱经

另外，膀胱经由头走足，是人体最大的排毒通道，也是身体抵御外界风寒的重要屏障。若这条经络通畅，外寒就难以侵入，体内的毒素也会及时排出，外感与内伤都不易发生。所以，我们可以在这个时辰用手拍打一下膀胱经。每天 30 次即可。

酉时补肾揉涌泉

酉时，下午 17 点到 19 点，肾经当令。

这时候喝一杯温开水能够有助于排出毒素，肾和膀胱也能得到清洗，预防结石症。

"肾者，精神之舍，性命之根""人之有肾，犹树之有根"。中医认为肾为先天之本，肾在人体生长发育、调节身体机能的过程中发挥了十分重要的作用。人体的生命活动都需要肾气的不断温煦。**"肾藏精，精生髓"**，而**"脑为髓海"**，所以，要想让我们的脑子好使，就要多注意补肾。另外，**"发为肾之华"**，有些人须发早白，也与肾脏亏虚有关。

我从小在少林寺长大，有一个独门的锻炼绝学，可以培补肾元，非常简单，就是捶腰眼。左手握拳向后捶腰眼，同时右手向前捶肚脐（肚脐又叫神阙穴），这个时候腹部向前挺。然后换右手握拳向后捶腰眼，同时左手向前捶肚脐，这个时候腹部向后弯。这个方法对于培补肾元、强身健体效果非常好。

在肾经上，有一个要穴叫涌泉穴，很好找，把我们的脚趾向脚心钩，脚心的那个凹陷就是。每天临睡前用热水泡泡脚，再揉揉涌泉穴，可以补肾健脑，增强智力，延年益寿。

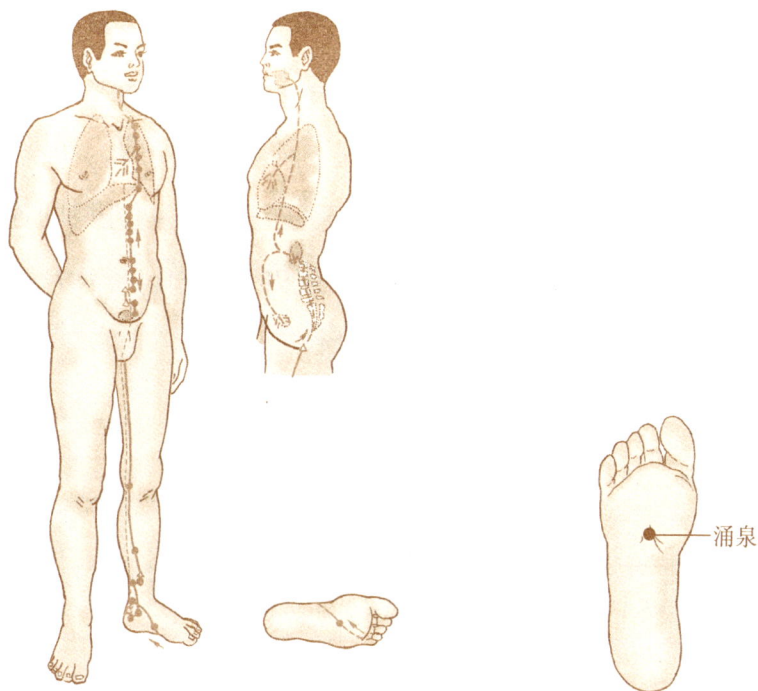

足少阴肾经

戌时说说心里话

戌时，晚上 19 点到 21 点，心包经当令。

戌时对应着十二生肖中的狗。大家想一下，到这个这时候，狗是不是就开始守夜了？在这个时辰里，心气顺畅，可以用来学习、锻炼身体。最主要的一点，这时候也是感情沟通的最佳时机。比如，夫妻可以在这个时候去散散步，进行情感沟通。青年人可以去谈谈恋爱，升华爱情。把心里的话说出来，心包经顺畅，心扉打开，人自然活得开心。所以，我们应当在这个时候多照顾一下自己的心包经，这样才能让我们的心脏更健康。

给大家说两个穴位吧。大家到寺院里拜佛的时候，双手合十，心里往往会生起一种宁静、安全感。为什么呢？其中一个原因就是我们的掌心对应的是劳宫穴，双手合十就是收敛心包。而双手合十拜佛的时候，大拇指对应的是膻中穴，膻中穴在两乳根的连线处，主要有治疗胸部疼痛、心悸等作用。所以，我们可以在这个时候，拜一拜佛，也是一个非常好的养护心脏的办法。

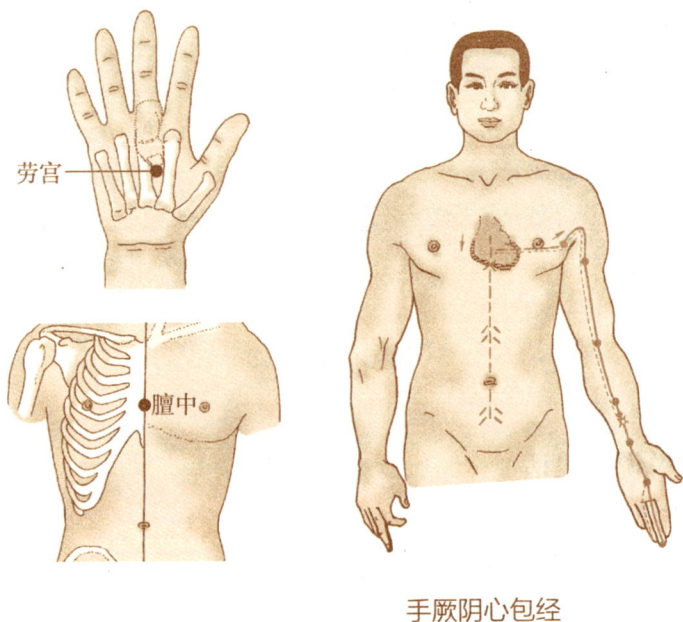

劳宫

膻中

手厥阴心包经

亥时美美睡一觉

亥时，夜里 21 点到 23 点，三焦经当令。

亥时对应着十二属相里的猪，大家想想，猪是不是吃完饭就呼呼大睡了？而且猪总是处于享受的状态，吃饱了就睡，睡完继续吃，什么事情都不做，什么事也不想，不知道什么是烦恼，整个身心处于通畅的状态，这跟亥时人们应该处于的状态一致，所以亥时在十二生肖中就属猪了。

所以，我们在这个时刻也应当洗漱完毕，准备进入梦乡了。另外，大家看这个"亥"字，下面是个"人"字，上面像不像夫妻在行房呢？所以，对于夫妻来讲，这个时间也是孕育生命的好时机。下面，就从这两方面入手聊聊亥时。

1. 亥时宜入睡

亥时三焦经的经气最旺盛，所谓"三焦"，分为上焦、中焦、下焦，上焦是心和肺，中焦是脾和胃，下焦是肝和肾，所以三焦是六腑中最大的腑，具有主持诸气，疏通水道的作用。

《素问·灵兰秘典论》说："**三焦者，决渎之官，水道出焉。**"即三焦可使全身水道通畅，三焦的作用发挥正常，人体内的水液才能够正常排泄。记得有一位中医养生师说过："亥时到，则三焦盛。三焦盛，则百脉通。百脉通，则皮肤好。"我们如果可以在亥时睡觉，那么人体的百脉就能得到最好的休息，百脉得到调养，人们的皮肤就会变好，所以**想要变得更美，就在亥时睡觉吧。**

在现代，人们生活压力越来越大，加班成了家常便饭，许多人工作到深夜；同时，随着科技的发展，人们的夜生活也越来越丰富，甚则白天睡觉，晚上工作与娱乐，把自己变成了猫头鹰，这些对自己皮肤的危害都是特别大的。因此，我们要想自己的皮肤变得好，就要做好规划，尽量在亥时入睡。

2. 亥时宜行房

从古至今，中外的科学家们就在争论、研究什么时候进行性生活最合适。古人认为，当大寒、大热、大风、大雨、日食、月食、地震、雷电之时为天地交感、阴阳错乱，不宜同房。另外，饭饱、喜怒、恐惧、酒醉时，人体气血不定，也不宜同房，否则伤身。

上述这些都是不宜行房的时刻，而何时最宜行房呢——亥时。因为亥时夜深人静，没有干扰，夫妻之间可以充分交流；性活动需要付出较大的体力，亥时行房后可以立即入睡，最好在子时进入熟睡状态，这样可以使双方得到充分的休息，第二天可以保持充沛的精力。

由于亥时与三焦经联系密切，所以此时还可以锻炼一下三焦经，方法也很简单。三焦经在胳膊的外侧，用左手拍右臂外侧、右手拍左臂外侧即可。

另外，八段锦里有一个动作，叫"两手托天理三焦"，对三焦经很有好处。动作很简单，两脚与肩同宽或略宽于肩站立，两臂自然松垂身侧，两腿微曲的同时双手交叉放在腹前，然后翻掌，两掌慢慢举到胸前，再往内旋转向上托起，同时两腿伸直掌心向上，像是在托天的一个动作，然后再向下，双手交叉放到腹部，如此反复六遍即可。若配合呼吸，则上托时深吸气，复原时深呼气。

"两手托天理三焦"这个动作，不仅可以使三焦通畅、气血调和；同时，还可以通过拉伸手臂、肩背，锻炼肘关节、肩关节和颈部，有效防治肩背病、颈椎病。

上面详细介绍了十二时辰的不同养生方法，牢记这些知识，长期坚持，就能有的放矢，事半功倍，在不同的时段保养五脏六腑，拥有健康体魄。

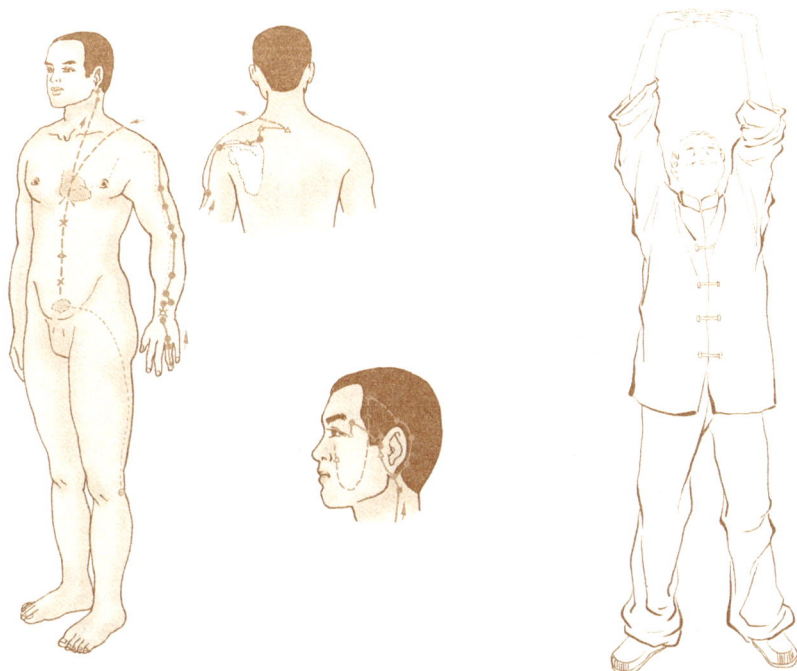

手少阳三焦经　　　　　　　　两手托天理三焦

学点禅医探诊，了解我们的身体！

　　我们在关心自己的亲人时，经常会说：你自己的身体你心里最清楚。别再喝酒了，你自己的身体你还不清楚？再喝就成酒精肝了！你还吃肥肉？你身体血压高你不知道？再吃血压能控制好？别熬夜了，你为啥会失眠你不清楚？该睡觉不睡觉能不失眠吗？

　　在这里教大家简单的禅医探诊，以便大家了解一下自己的身体。一般探测包括诊四海、诊脏腑、诊俞穴三个部分。大家要注意，以下取穴中所说的"寸"皆是以被探查者自身手指的"同身寸"为标准。

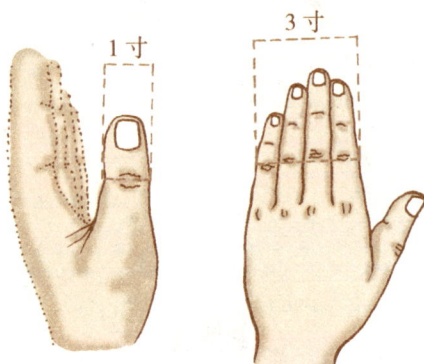

一般性禅医探诊

1. "诊四海"

四海即气海、谷海、血海和髓海，是经络的重要组成部分，是人体生命的根本、主宰和动力之所在。让我们先看看下面的诊四海歌诀：

一般探测诊四海，经脏腧穴需慎辨。

生命本根与主宰，气神精髓是关键。

气海一名叫膻中，两乳中间是膻中。

气滞咳喘求之应，热凉胀麻分病情。

谷海指胃后天本，俞为中脘上腹应。

脾胃肠道有疾病，热麻胀感有不同。

血海亦即下丹田，主藏精血性属阴。

脐下寸半是其位，藏精系胞功卓宏。

髓海为脑元神府，其俞脑后风府应。

温热适中为正常，过热过凉有灾星。

（1）诊气海：气海主全身之气，位于胸中，名曰膻中（实质上是指肺，因肺主气、司呼吸）。任脉上两乳之间的膻中穴是其外应穴位。其特点是主气滞咳喘一类疾患。静下心来，当我们用手掌进行探测时，有热感多为肺部炎症、凉则多为哮喘或支气管扩张。

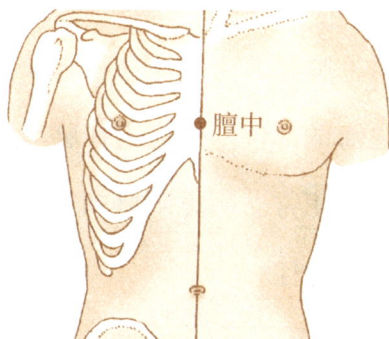

膻中

（2）诊谷海：谷海即水谷之海，指胃。外应穴在上腹部的中脘穴，其位置在剑突与肚脐连线的中点上，主消化系统疾病。探测时手掌有热感则多为溃疡病、胃窦炎等，有凉的反应则可能是食积、痰饮或胃寒型的慢性胃炎。

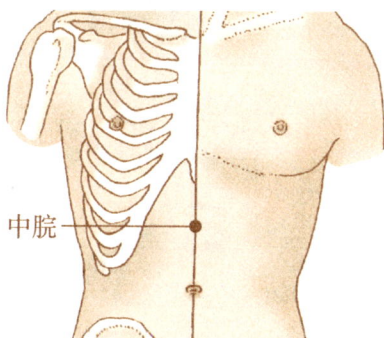

中脘

（3）诊血海：血海即下丹田，外应穴位为气海穴。为人体精血之海，为真阴所寄之处。精血为阴，故血海属阴。其位置在脐下一寸三分至三寸之间的小腹内。一般探测时都有较凉的手感，若过凉则为元气亏损及阳虚之征，热感则多表明

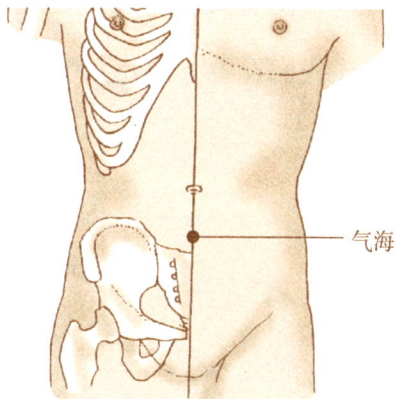

气海

内有相关脏器的炎症。

（4）诊髓海：髓海即脑髓之海。所谓"海"，含有容纳包藏的意思，脑髓之海亦即包藏脑髓的地方。在百会之下、风府之上为脑髓之海的部位。外应穴在脑后的风府穴。探测时，手感温度适中或微热为正常。阴虚阳盛则热，气血双亏则凉。脑为元神之府，应清虚空灵为佳。

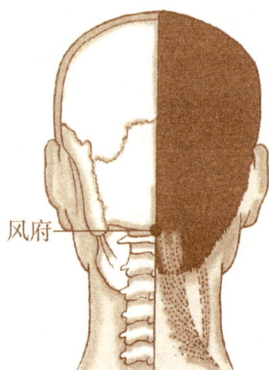

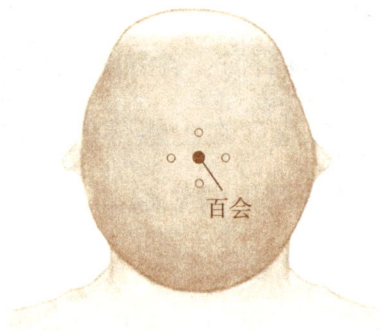

风府

百会

2. 诊脏腑

探测有关脏腑外应区域的信息，便可知内部脏器正常与否。首先让我们看看下面几句歌诀：

脏腑外应有异常，热凉麻胀磁吸应。

五脏之中分阴阳，虚实寒热八纲同。

脏腑系背有俞穴，手心手背反复测。

百会大椎皆属阳，微热温和为正常。

实际上，诊脏腑和诊俞穴总是结合在一起进行的，而这几句歌诀，也包括后面所说的诊俞穴在内。

脏腑外应区域所提示的疾病信息具体如下：

（1）肝区：若有热的反应为湿热（炎症），凉的反应多为气郁。

（2）心区：热者多为冠心病；凉者多系风湿性心脏病、肺源性心脏病。

（3）胃脘：以胃热为主者，多为胃阴不足、胃火等证；以凉为主者多为胃寒、痰饮、食积等症。

（4）肺区：若有微凉反应，多为风寒犯肺（多见于呼吸系统的病毒性感染）。有凉的反应多为肺结核、肺不张、哮喘等症。有热的反应主要见于各类呼吸道的细菌性感染或合并细菌性感染的炎症。

（5）颈部：颈项两侧温度一边热一边凉为阴阳失调，多有健忘、头晕、失眠等症状，也可见于神经衰弱。若颈前热多为甲亢，凉多为甲低。

一般而言，探测有热的感觉大都为阳证，凉的感觉大都为阴证。

3. 诊俞穴

探测脏腑所在之区域可初步确定某一脏腑的病变，为了分辨病证属表还是属里，病情的轻重缓急等，还必须对俞穴同时进行探测，方可进一步作出诊断。

中医认为，诸脏皆系于背，其俞穴都在脊柱旁开一寸五分之处，其具体位置可参阅足太阳膀胱经在背部循行线的脏腑俞穴分布路线图（下图脊柱右边第一条竖线）。

探测方法：让家人取坐位或卧位，全身放松、心平气静，意念毛孔打开。探者亦放松入静，精神集中，从头顶百会穴开始，用掌心沿督脉下行，再反复探测足太阳膀胱经的脏腑俞穴——先用掌心，次用手背，似挨非挨，似触非触地上下探测。为了提高探测的准确性，还应两手交替反复探测，再对比分析，以更加准确地掌握病情。

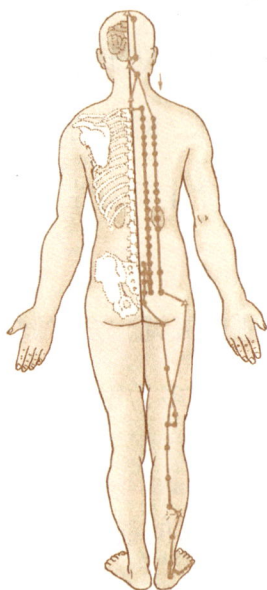

足太阳膀胱经

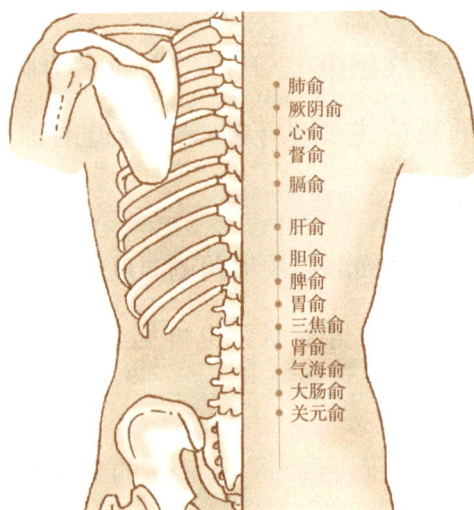

肺俞
厥阴俞
心俞
督俞
膈俞
肝俞
胆俞
脾俞
胃俞
三焦俞
肾俞
气海俞
大肠俞
关元俞

足太阳膀胱经背部主要俞穴

比如百会穴，又叫广盖、泥丸，位于头顶两耳尖上连线的中点，向前直对鼻尖。探测有热的反应为眩晕，多为肝阳上亢、阴虚阳盛所致；凉的反应多为气血双亏、气机下陷的表现。

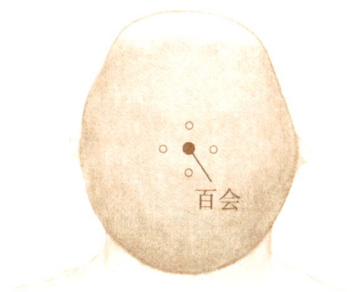

百会

又如大椎穴，在背部第七颈椎棘突下，第一胸椎棘突上正中处，是所有阳经汇聚之处，易受寒邪。探测有热的反应为正常；如有凉感为外感风寒、咳嗽、痰饮等证。

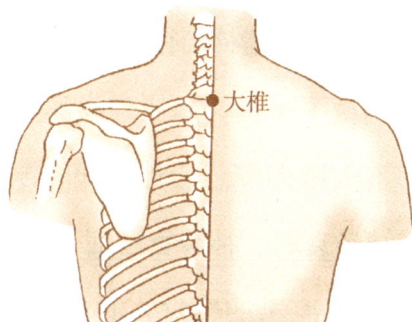

大椎

最后把我的疾病探测经验详细给大家讲讲。

首先，让我们看看疾病探测歌诀：

疾病探测脏腑纲，病症为目细参详。

肺主呼吸脾生化，肝主黄疸与臌胀。

心病心痛与心悸，肾生水肿病下元。

然后，我们以脏腑病证为基础，结合背部主要俞穴（详见下图），分系统详细论述禅医探诊之法。

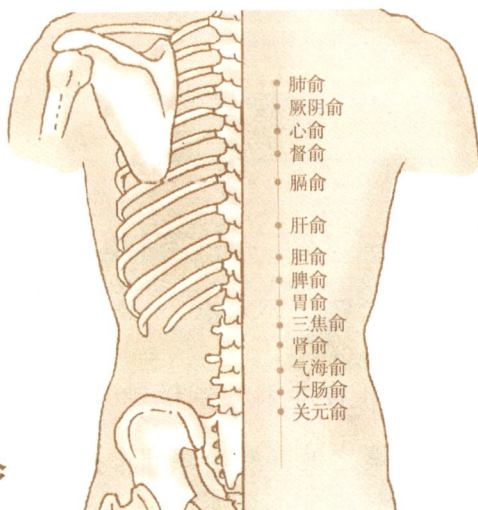

肺俞
厥阴俞
心俞
督俞
膈俞

肝俞
胆俞
脾俞
胃俞
三焦俞
肾俞
气海俞
大肠俞
关元俞

分系统禅医探诊

1. 心区探诊

心区探诊主要用于神经、精神与循环系统疾患。

（1）两侧颈项肌温度不平衡，厥阴俞发凉、胆俞穴发热、左乳根有热痛现象者，多有失眠多梦、心神不安、惊悸噩梦、情绪多变等精神症状，多见于神经衰弱、神经官能症等。

（2）心区、两肘下有凉风的感觉，心俞、小肠俞有凉的反应，用导引法治疗后膝关节有微凉风反应，神堂穴、心脏反应点（尺泽下三寸）压痛，多为风湿性心脏病。

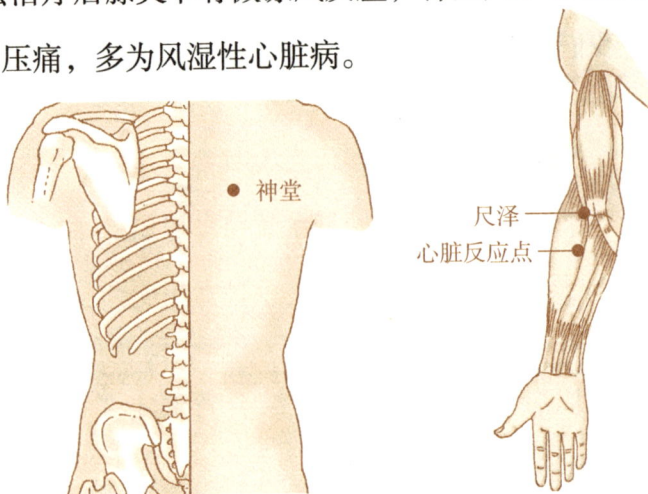

神堂

尺泽
心脏反应点

（3）心区、心俞、灵道有热、麻、磁感觉，多为冠状动脉硬化性心脏病。极泉穴压痛多为冠心病、心肌梗死。心律不齐者多有心俞压痛。

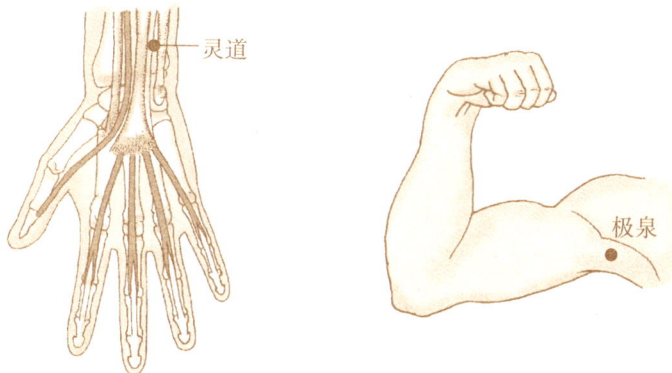

（4）心区、心俞、血压点（位于第六颈椎棘突下旁开 2 寸）有热的反应，百会穴热度更盛，多系肝阳上亢的高血压病。

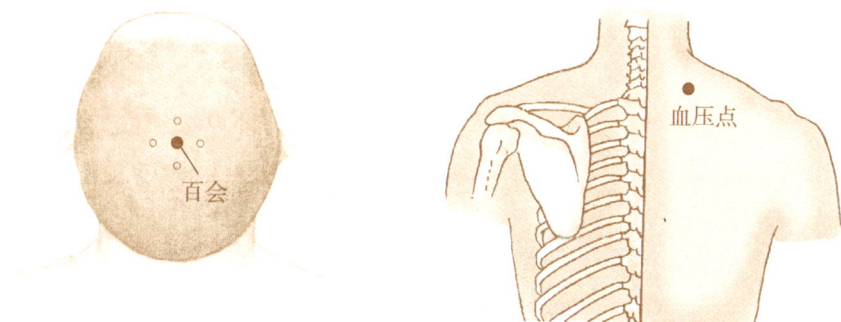

（5）肾俞凉，头部微热，第六颈椎棘突下旁开 2 寸处有压痛，多为低血压、眩晕综合征、神经衰弱、颈动脉窦过敏等所致的眩晕。

（6）心区、肺俞、膻中、大椎有凉的反应多为肺源性心脏病。

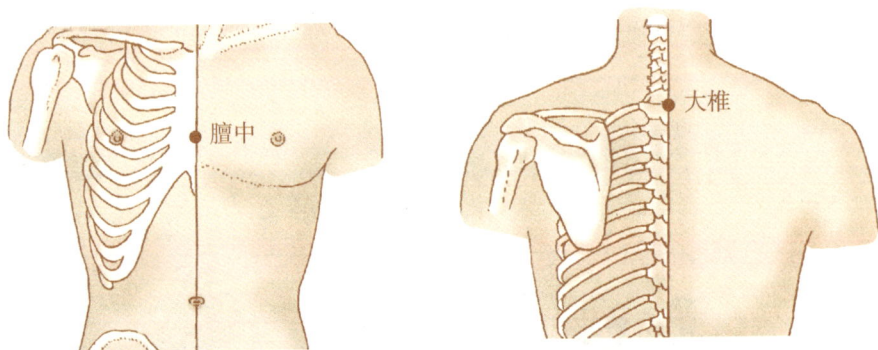

2.肝胆区探诊

肝胆区探诊主要用于肝胆局部疾患。

（1）肝区、肝俞发热、肝炎点（内踝尖上 1.5 寸，胫骨后缘）压痛，应考虑为急性肝炎、肝脓肿。

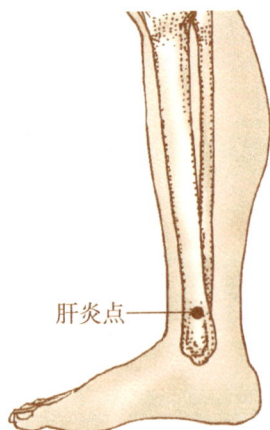

（2）肝区、肝俞、血海有凉的反应，枢边（经外奇穴，位于第十胸椎棘突下旁开 1 寸）发凉并有压痛时，多为慢性肝炎。

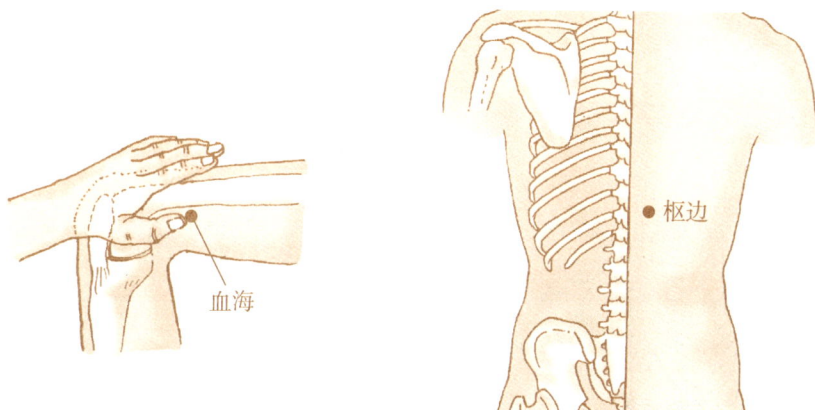

（3）血海、肝俞发凉，水分发凉并有剧烈压痛时应考虑为肝硬化、肝癌、肝腹水之可能。

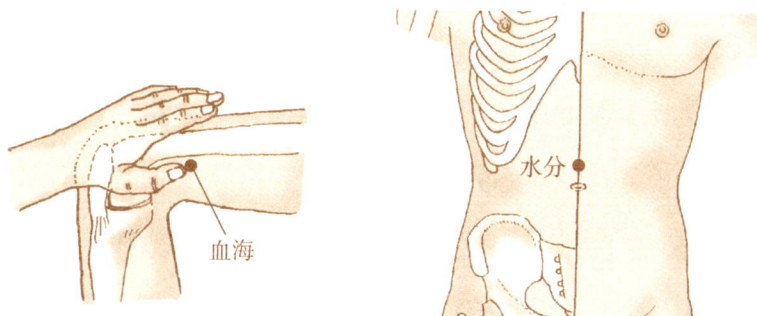

（4）胆囊区、肝俞、胆俞发热应考虑为急性胆囊炎、胆道蛔虫或慢性胆囊炎急性发作时。

（5）胆囊区、肝俞、胆俞发凉应考虑为胆石症、慢性胆囊炎。

3. 脾胃区探诊

脾胃区探诊主要用于消化系统疾病。

（1）探测中脘、胃俞、脾俞、三焦俞、大肠俞、小肠俞，以及食关（脐上1寸旁开1寸处）有凉感，多为消化不良、脾失健运，多见于萎缩型慢性胃炎、胃下垂、胃黏膜脱垂、各类慢性肠炎、胃肠道功能紊乱等。

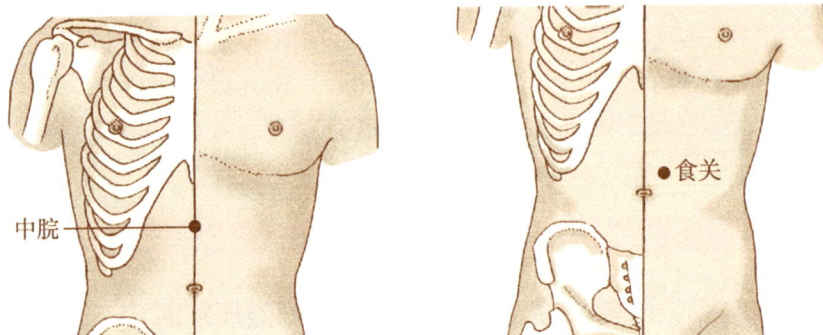

（2）探测上述各穴有热感时，应考虑为溃疡病、增生型慢性胃炎、浅表性胃炎、胃肠道急性炎症、便秘等的可能。

（3）胃溃疡除上述穴位发热外，左溃疡点（第十二胸椎棘突下向左旁开5寸）有发热感并有压痛；十二指肠溃疡时，右梁门、右溃疡点（第十二胸椎棘突下向右旁开5寸）有热感和压痛；增生型慢性胃炎时左右均有发热感。

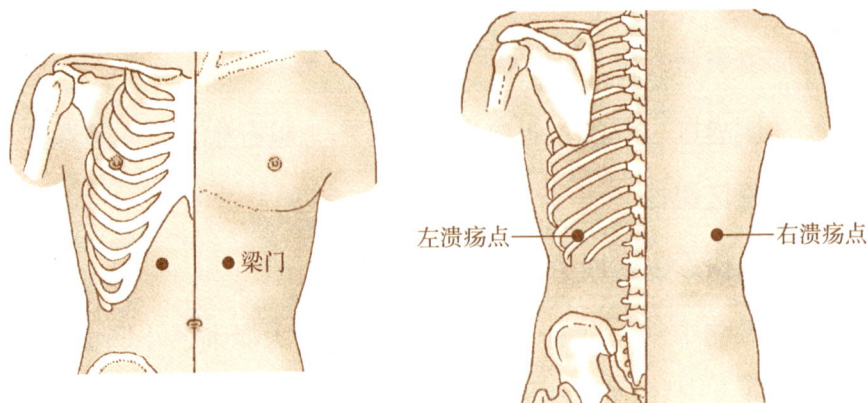

（4）食物中毒时除上述穴位有热感外，二里半（足三里上5分处）亦有热感并有压痛。

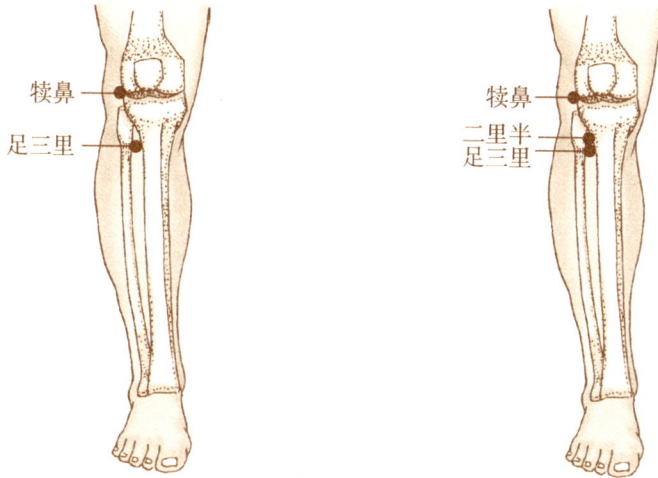

（5）消化道出血时阳陵泉凉感突出、压痛明显。

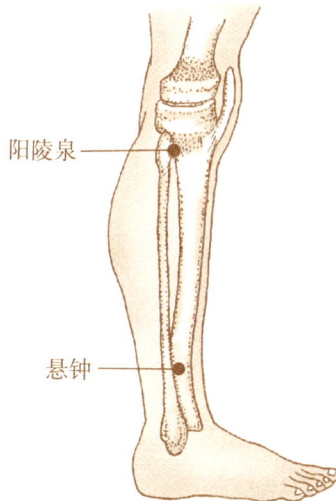

（6）患急性胰腺炎时中脘、天枢、痉节（经验穴，腋窝直下七、八肋间隙）、水分有热感。

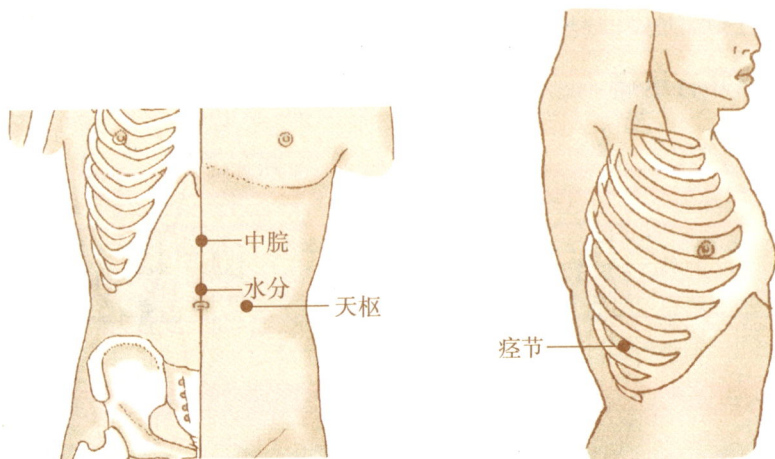

中脘
水分
天枢
痉节

（7）患胃癌、直肠癌时，探测中脘、胃俞、脾俞、大肠俞有凉感，新大郄穴（位于委中穴与臀横纹中点外开 5 分处）点按有压痛，而病变局部的外应区则有热感和麻刺感。

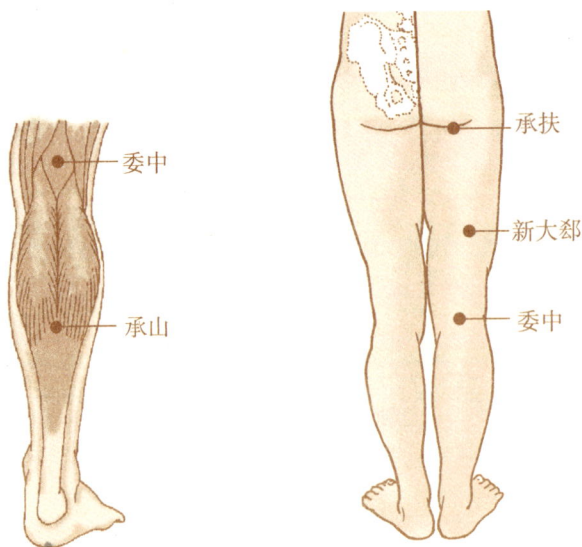

委中
承山
承扶
新大郄
委中

（8）患急性菌痢时，探测中脘、胃俞、脾俞、肝俞有微热感，麻刺感较强，小腹则有凉感。

（9）患胃穿孔时，探测中脘、胃俞、左溃疡点、温溜有热感。

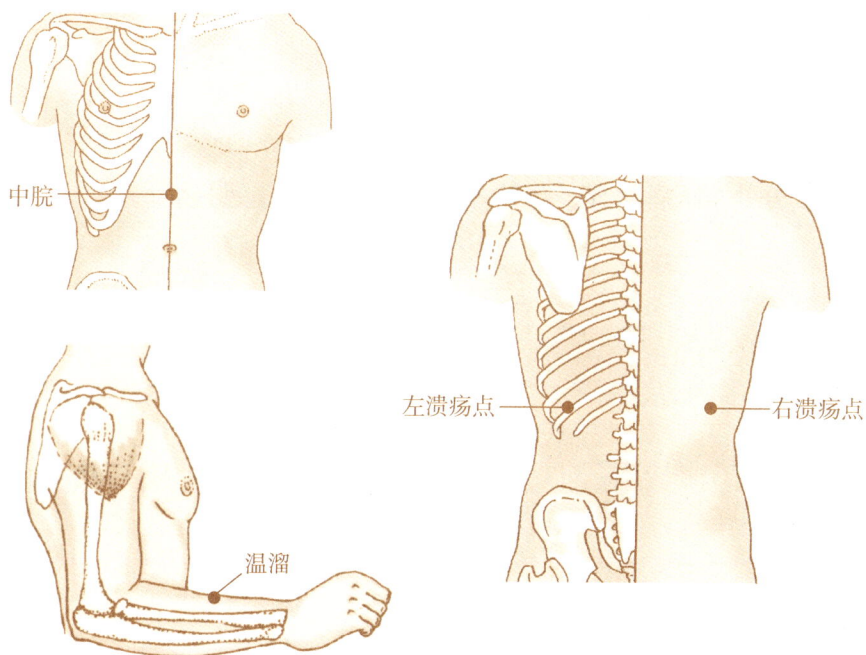

中脘

左溃疡点　　　　　　　右溃疡点

温溜

4.肺区探诊

肺区探诊主要用于呼吸系统疾病。

（1）探测肺区时，膻中、肺俞有热感，则多为感冒、急性支气管炎，大叶性肺炎、支气管肺炎、肺气肿合并细菌感染。

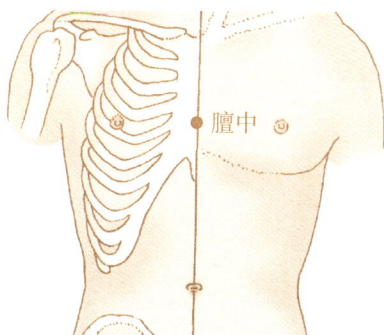

膻中

（2）探测上述穴位和区域若有明显凉感，则多为慢性呼吸道疾患。如：支气管哮喘、支气管扩张、肺结核、肺气肿、肺不张、肺癌等。

（3）患肺结核时，大椎及结核穴（大椎旁开 3.5 寸）有热感。患肺部肿瘤时，局部有热感，新大郄穴（位于委中穴与臀横纹中点外开 5 分处）压痛明显。患哮喘时，气户穴凉感明显。

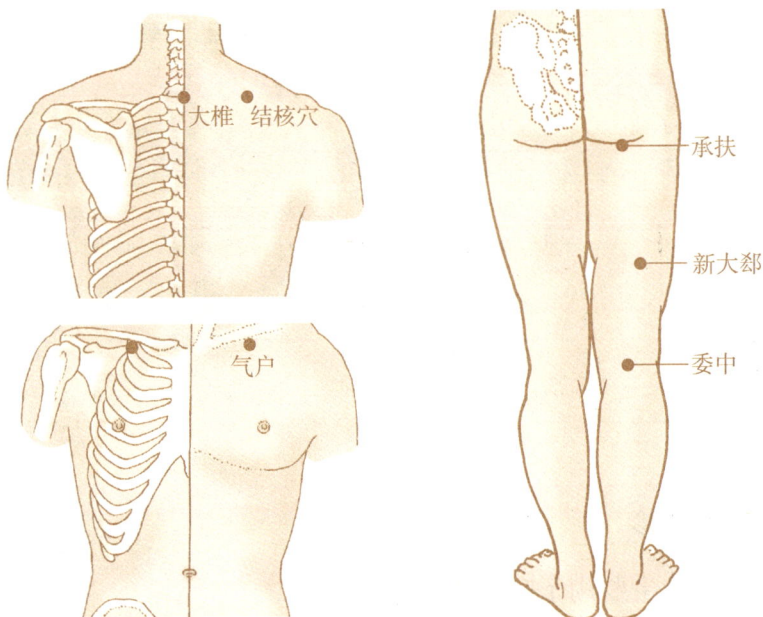

（4）患气管扩张时，膺窗穴有凉感；患肺气肿时在痰喘穴（经验穴，在膺窗穴外斜上 1.8 寸处）有凉感，此外在肩胛部有磁吸感。

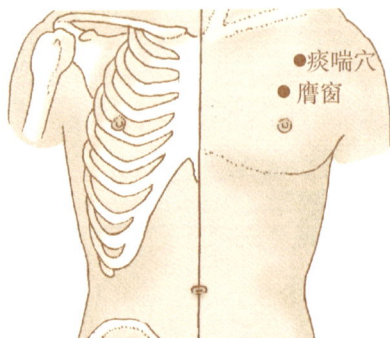

（5）患肺脓肿、肺不张时，探测肺区、膻中、肺俞有凉感，病灶部位有热感，病灶周围有凉感，两肩胛有磁吸感。

（6）患硅肺时，探测肺区、肺俞、大椎、渊腋、足临泣有凉感。

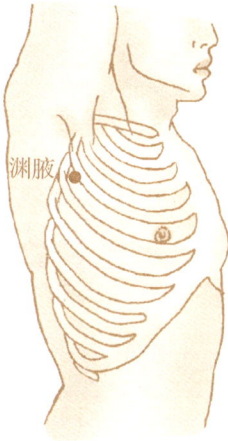

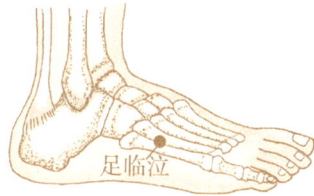

（7）夹鼻穴（鼻骨与侧软骨交界处）有凉感多见于过敏性鼻炎。颈五（第五颈椎旁开2.5寸）有热感为急性咽喉炎，有凉感为慢性咽炎。旁劳宫（经外奇穴，位于二、三掌骨后缘凹陷中）有热感为急性扁桃体炎。

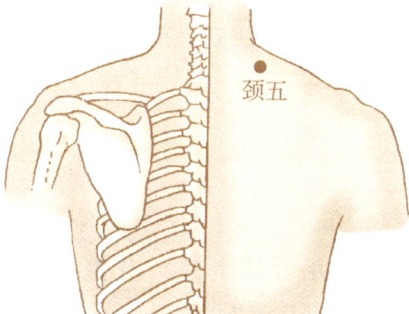

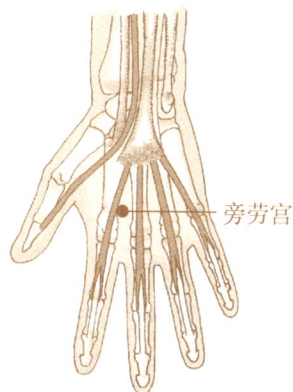

5. 肾区探诊

肾区探诊主要用于泌尿生殖系统疾病。

（1）探测肾区、命门、肾俞、太溪穴有凉感时，多为肾小球肾炎。

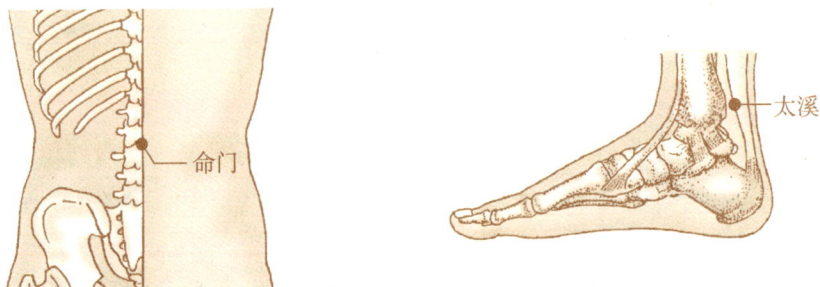

（2）探测肾区、肾俞、子宫反应点（中极旁开3寸）有热感时，多为肾盂肾炎；患输尿管炎时，肓俞发热；患膀胱炎时，中极、大巨有热感。

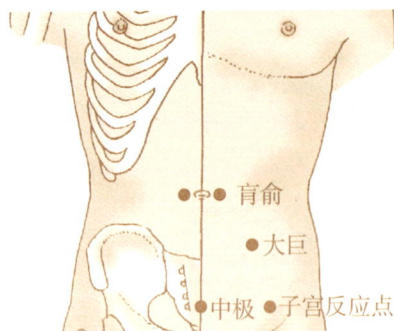

（3）探测命门、肾俞、遗精穴（关元旁开1寸）及整个小腹有明显凉感时，多为性机能紊乱。

关元
遗精穴

命门

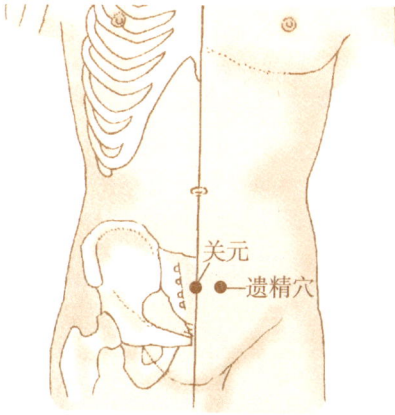

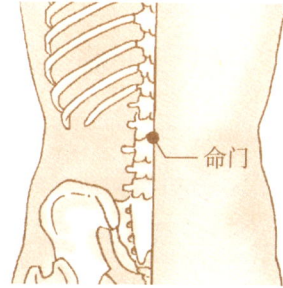

（4）会阴穴、生殖点（位于第二骶后孔内，次髎穴内5分）有
热感时，多为急性前列腺炎；有凉感多为慢性前列腺炎或前列腺
肥大。

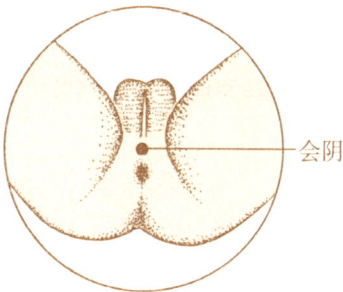

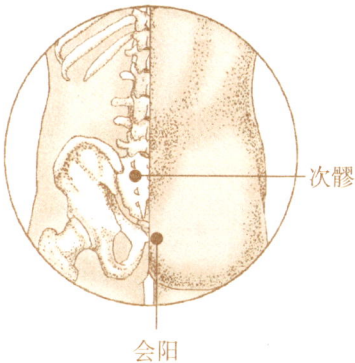

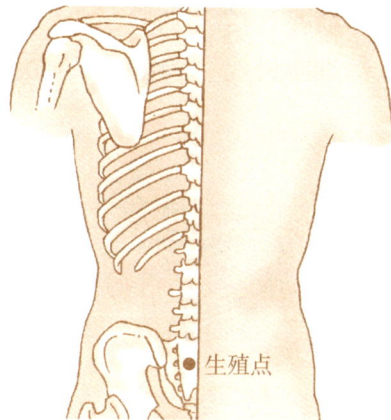

会阴

次髎

会阳

生殖点

（5）患肾盂结石时，肾俞、子宫反应点、足临泣有凉感并有压痛；患输尿管结石时，肓俞、足临泣有凉感并有压痛；患膀胱结石时，中极、大巨、足临泣有凉感并有压痛。

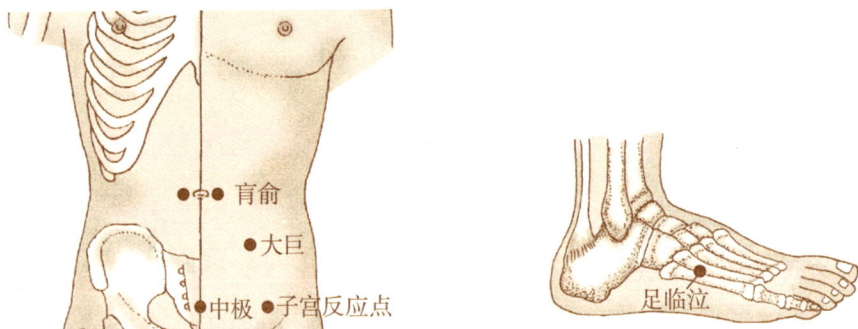

（6）探诊妇科疾病患者时，手下往往有下列感应：患慢性宫颈炎、子宫内膜炎时，带脉穴有热感；患宫颈癌或绒毛膜上皮癌时，带脉穴有凉感，新大郄穴（位于委中穴与臀横纹中点外开 5 分处）有压痛。孕期呕吐时，滑肉门有凉感。

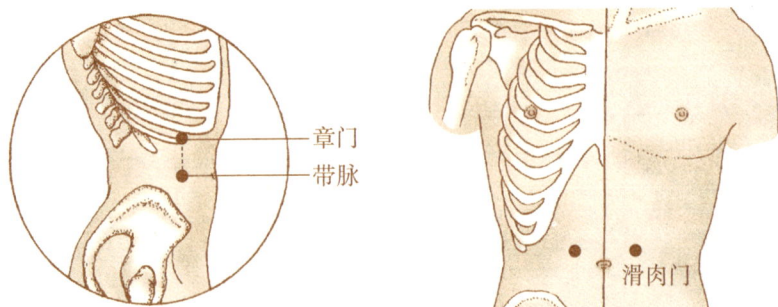

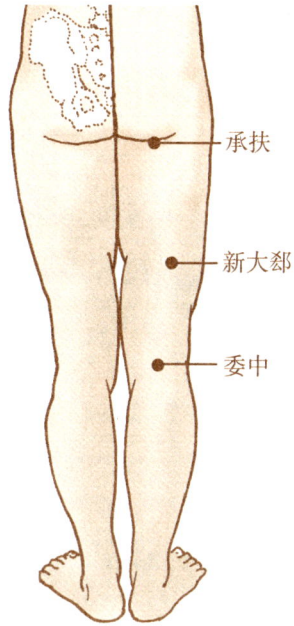

承扶

新大郄

委中

第三篇

世事如棋令人迷，不忘初心必有成

一念至坚，金石可穿

有一次一个朋友送我一幅画，唐伯虎的，当然是仿品啦。我也很高兴，在闲聊天的时候，这个朋友讲了一个唐伯虎的故事。

唐伯虎是明朝著名的画家和文学家，小的时候在画画方面显示了超人的才华。后来唐伯虎拜在大画家沈周门下，学习自然更加刻苦勤奋，掌握绘画技艺很快，深受沈周的称赞。不料，由于沈周的称赞，使一向谦虚的唐伯虎也渐渐地产生了自满的情绪，沈周看在眼中，记在心里。一次吃饭时，沈周让唐伯虎去开窗户，唐伯虎走近才发现，自己原以为的窗户竟是老师沈周的一幅画。唐伯虎非常惭愧，从此潜心学画，后来，终于成了著名的画家、书法家、诗人！

其实做任何事情都是一样的，每个人所处的环境虽有不同，有的人成功了，有的人却一事无成，主要区别还是做事情的心态，各个领域里的天才都是坚定着一个信念，只想着眼前的事情，把平凡枯燥的事情做到极致，才能成为行业里的佼佼者。

我在寺庙里也见过很多人来祈福，有的人虔诚地念佛，认真听师傅讲话，但是有的人则不然，一会儿拿出来手机刷刷微博，回个微信，生怕错过什么重要的信息，甚至和师傅说话的时候都盯着手机

一念至坚，金石可穿

看，这么一件事情都不能坚定信念，又怎么能获得佛家的大智慧呢？

现代人的娱乐方式越来越多，注意力就不能集中在一件事情上，结果就是眼前的事做不好，另一件事也耽误了。

很多家长跟我倾诉苦恼，说学生学习的时候想着打几局游戏，看会儿电视，直到老师催作业了才着急，玩也没玩好，学也没学好，真是得不偿失。也有很多白领，说自己对工作没什么积极性，对领导布置的任务也不能保质保量地完成，没事就想逛个购物网站看个球赛，结果工作好几年了还是老样子。

其实人人都有一颗智慧的心，但是因为牵挂的事情太多太杂，反倒不能集中力量处理眼前的事情，定下的目标虽然马马虎虎地完成了，但小问题却不断，给生活带来许多烦恼。修行也是如此，很多施主修行信念不坚定，工作的时候埋怨太忙了都没有时间去寺院，真的到了寺院却又惦记着家里的事，不仅没有获得智慧，还让心更乱了。

不管做什么事情，一定要在点点滴滴的行为里坚定信念，一心把眼前的事完成，这样才能摒弃杂念。当心烦意乱时，要及时提醒自己，把心拉回来，**只要生活和工作的环境变得简单了，心也就清净了，就能够安心做事**。做成一件事的成就感最能让人轻松愉快，增加对生活的热爱和渴望，同时这也是为自己积累智慧和福德。

对境须忘心，自己做主人

有一个年轻的男孩来找我，他刚毕业参加工作，向我说起在公司遇到的不公正待遇。原来，部门里几个人一起去做一个项目，没有按预期的时间完成，所以要扣工资。结果，因为他资历最浅，所以别人都没扣，就扣他的了。年轻人火气盛，他就去找领导说理，想要问清楚原因。领导事情多，脾气也急，就说了他几句"不想干可以走人之类"的话。

结果他没控制好自己的情绪，就和领导吵了起来，两个人就此结下了梁子。领导在之后的工作中就开始针对他，给他安排最重的活，部门聚会却独独不叫他，渐渐地办公室的同事也疏远他了，怕因为和他走得近得罪领导。这个男孩在公司待得憋屈，都想辞职不干了。

我看得出这个小伙子性格耿直，也有工作和学习的热情，但是脾气急，很容易被别人影响情绪，在情绪被影响之后却不善于表达内心想法，所以在职场中才会遇到这么大的困难。

这也是很多刚进入职场的年轻人会面对的问题，公司文化氛围不同，领导工作的安排也有差异，年轻人总是要面对很多困难和挑战，如果遇到不顺心的事，就由着自己的性子来，不讲场合和对象，只顾自己一时痛快，那么肯定是要吃亏的，因为你没有做自己情绪的主人，反倒让别人牵着鼻子走了。

这些人不明白：**不被别人左右自己的心智，才能得到自己想得到的东西。**

日本有这样一个故事：

一位武士手里握着一条鱼来到一休禅师的房间。他说道："我们打个赌，禅师说我手中的这条鱼是死是活？"一休知道如果他说是死的，武士肯定会松开手；而如果他说是活的，那武士一定会暗中使劲把鱼捏死。于是，一休说："是死的。"武士马上把手松开，笑道："哈哈，禅师你输了，你看这鱼是活的。"一休淡淡一笑，说道："是的，我输了。"一休虽然输了，但是他却赢得了一条活着的鱼。

不管是在学习还是在工作和生活中，修心都是不可或缺的一部分，控制自己的情绪，才能做出理性的决策，进行科学的判断。**不被别人牵着鼻子走，才能走出适合自己的道路，**这也是佛教所一直践行的。

对境须忘心，自己做主人

买书千本不如细看一本

我有一次到一个居士家做客。到了他家我大开眼界，客厅里、书房里全是书，估计有上千本。于是我就随口说："你有看书的习惯真好。"

他不好意思地挠挠头说："不咋读，我爱买书。买回去就睡大觉了！"

我说："这每本书虽看着不贵，但经常买也不便宜啊，你既然不看那买书干啥呢？"

他说："现代人工作压力多大呀，下班回家就想休息了，买书嘛，就是为了证明自己还是好学的，看不看的，也就不重要了！"

这也是很多人都存在的想法啊，每个人心底都觉得自己是上进好学的，看见书店总忍不住要买几本书，然后安慰自己明天再读，下班回家发会儿呆、玩会儿游戏，就到休息时间了，日复一日的，一本书也没有看完。

反倒是当学生的时候去图书馆借书，或者小学时候借同学的连环画读，总是很快就读完了，因为想着要尽早归还，所以丝毫不敢"怠慢"书里的知识。其实买不买书不重要，重要的是书本里的知识你有没有真正吸收到。哪怕你身无分文，在路边的小摊上看见一本旧书，你停下来看一会儿，能学到一个做人的道理，那就是有价值的。

现在很多人都看电子书了，拿个手机、平板电脑都能看，也不用带着沉甸甸的书本满世界跑了，可是真正沉下心去看书的人却少了，大家拿着手机打游戏，看视频，又高兴又轻松，可是遇到事情却急躁得不得了。**看书少了，人的心就浮躁了，不能安静地思考和解决问题了。**

坚持读书的人往往有好的学习和生活习惯，看似很小的习惯，积累起来能够具有无穷的力量。我之前就经常在包里装着几本书，《六妙法门》《童蒙止观》《金刚经》都随身携带，但是却想不起来去翻阅它，后来生活遇到挫折，我无意间翻开书，才恍然领悟到生活的意义，才知道知识的引导就像老师的教诲一样，能够指引我们专一地学习，用心地生活。

古人说，读万卷书不如行万里路。我却觉得，读书与行路并没有谁好谁坏的比较，行万里路收获了丰富的人生阅历，读书则可以静观古今和天地，知识的力量会教导人们树立正确的是非观，学会做人做事的道理。

贪多嚼不烂，人生须精专

乔布斯大家都知道，是苹果的创始人之一，他的故事也带有强烈的传奇色彩。他的生母是一个年轻的研究生，因为还没毕业，所以乔布斯一出生就被送给养父母抚养，他的生母有一个要求，就是要让乔布斯上大学，这样才能有大出息。养父母承诺会让乔布斯接受大学教育。结果乔布斯进入大学半年，就觉得读大学没有什么意思，他得不到自己感兴趣的东西，就退学了。这在大多数人眼里，都是难以理解的，觉得他注定是一个失败者了。

在乔布斯 20 岁的时候，他和朋友创立了苹果公司，研发制造个人微机，在那个年代一台计算机的价格对老百姓来说是天文数字，所以他们经过努力和实验，制造出了第一台个人电脑，让寻常人家都能买得起。在十年之内，苹果公司已经发展成为有 4000 多名员工的公司，在世界上都赫赫有名，乔布斯也成为世界上的成功案例，他们公司生产的苹果手机大家都喜欢用。

乔布斯的一生就是传奇的一生，他没有按照世人认为的成功标准去生活，有时候他的选择很多人不理解，甚至会嘲笑他，但是他却成功了，在自己的领域内做得风生水起，对世人的生活产生的影响都是巨大的。

通往成功的路不是只有一条，俗语说，条条大路通罗马，也正是这个意思。当然，也没有哪个规定说哪个行业是优等的，哪个行业是低级的，只要在自己所在的领域里发挥长处，坚持下去，总能在自己的行业里发光发热，世间三百六十个行当里，每个行业都有佼佼者，都能得到人们的赞许和尊敬。

推究到佛学，也是同样的道理，学佛有八万四千个法门，有人就问怎样才能学完呢？其实八万四千只是个虚数，"法门"就是方法、路径，这就是说佛学里的法门是无边的，很少有人能够参透无量的学佛道路，但是**只要精于一门，日久功深，就能得到佛法的要义**。如果在修佛时只求数量多，心情急躁，夹杂着功利的目的，那么修行的目的就不纯，就很难精于某一法门，也注定领略不到佛学的奥妙。

《百喻经》里有一个关于"木炭与沉香"的故事。

有一位年老的富翁，非常担心他从小娇惯的儿子的前途。虽然他有庞大的财产，却害怕遗留给儿子反而带来祸害。他想，与其留财产给儿子，还不如教他自己去奋斗，他把儿子叫来，对儿子说了他如何白手起家，经过艰苦的拼搏才有今天。父亲的故事感动了这位从未出过远门的青年，激发了他奋斗的勇气，于是他立下誓言：如果不找到宝物绝不返乡。

青年打造了一艘坚固的大船，在亲友的欢送中出海。他驾船渡过了险恶的风浪，经过无数的岛屿，最后在热带雨林中找到一种树，这树木高达十余米，在一片雨林中只有一两株，砍下这种树木经过一年时间让外皮朽烂，留下木心沉黑的部分，会散放一种无比的香气，这种木头被放在水中时，不像别的树木浮在水面，而会沉到水底去。青年心想：这真是无比的珍贵宝物呀！

青年把这香味无比的树木运到市场出售，可是没有人来买他的树木，使他非常烦恼。偏偏在与他相邻的摊位上有人在卖木炭，那小贩的木炭总是很快就卖光了。刚开始的时候青年还不为所动，日子一天天过去，终于使他的信心动摇，他想："既然木炭那么好卖，为什么我不把香树变成木炭来卖呢？"

第二天他果然把香木烧成了木炭，挑到市场，一会儿就卖光了，青年非常高兴自己能改变心意，得意地回家告诉他的父亲，老父听了，忍不住落下泪来。原来青年烧成木炭的香木，正是世界上最珍贵的树木"沉香"，只要切下一小块磨成粉屑，价值就会超过一车的木炭。

其实，如果这位青年坚持下去，那他肯定也是成功的。

世间的路有千千万万条，人不可能同时走很多条路，只要在自己选择的路上坚持走下去，总能达到自己的目标，但如果在路上抱着私心和杂念，一会儿走这条路，一会儿又去了那条路，其结果也是显而易见的——永远也到不了目的地。

种树要扎根，修行须入心

曾有这样一个故事：

达摩祖师从西天来到中国后，就在中华大地云游。有一天，达摩祖师来到了南京雨花台。雨花台边有一个叫神光的法师正在给众人讲经，这个神光法师本来是一个大将军，出家之后修行非常努力，终于成为了著名的法师。

话说神光法师讲得滔滔不绝，座位底下都涌出了莲花，雨花台下的人听了也都一个劲儿地叫好。但是达摩祖师却边听边微微摇头，神光法师注意到这一点，就找达摩祖师请教自己求道中遇到的问题。但是达摩祖师并不回答他，并且一副不屑一顾的态度，神光法师就很生气，觉得这个印度和尚太不尊重自己，就拿着自己的念珠砸在达摩祖师的牙上，把达摩祖师的两颗门牙给打掉了，达摩祖师没有说什么直接走了。

神光法师却因此心里不安，找了九年，终于在一个大雪纷飞的日子，在少室山下找到了达摩祖师，达摩祖师正在打坐，神光法师等了许久，达摩祖师都不理他。

神光法师说："我来找祖师就是为了求得佛法，因为我心里不安宁，并不是为了传承您的衣钵！"

达摩祖师说："除非现在天上下红雪，否则我是不会跟你说佛法的！"

当时天上正下着白色的鹅毛大雪，神光法师就走到达摩洞外，拿出随身佩带的刀，一咬牙把自己的胳膊砍了下来，一时间鲜血染红了白雪，神光法师捧着红色的雪说："法师，天上下红雪了，您可以教我佛法了吧？"

达摩祖师觉得神光法师对佛法有追求和信仰，就给他说心是"了不可得"的，只有让心安定下来，才能大彻大悟，领悟终极奥义。

种树要扎根，修行须入心

故事里的神光法师在刚出家时，虽然学习了大量的佛学，口吐莲花，让听众都佩服不已，但是他自己却心难安定，因为他没有把学到的东西用到修行中去，遇到不同的意见就生气，看到达摩祖师摇头就要动手打人，这也是为什么后来达摩祖师要让他不断思考直到大彻大悟的原因。

机械地学会知识不难，难的是把知识运用好，去解决遇到的问题和麻烦，提高自己的工作效率，增添生活的乐趣，这才能获得持续的进步。很多人讲道理的时候滔滔不绝、口若悬河，但是过脑不入心，犹如种树不扎根，这样很难在生活和修行上更进一步。

田地不可有杂草，心地不可存怨念

唐代有一位慧宗禅师，非常喜欢兰花，于是在寺院里种植了很多盆兰花，精心栽培。

有一天，他要出去云游，出发前他叮嘱弟子看好兰花。弟子们都知道禅师喜欢兰花，所以非常精心地照料。可是有一天夜里，突然刮起了大风，下起了暴雨，看守兰花的弟子忘记把兰花搬到屋里，兰花架被吹倒了，兰花也都蔫头耷脑的。

第二天一大早，弟子们看到这个景象，都特别担心，说："师父回来看到兰花都被风吹坏了，肯定特别生气，咱们都要被师父惩罚了！"

于是大家都提心吊胆地等着禅师回来。

几天之后，慧宗禅师回来了，弟子们都以为会迎来一顿责骂，结果慧宗禅师看到满地狼藉的兰花却神色平静，什么也没有说。有弟子忍不住去问禅师："师父，我们没有把兰花照料好，您不生气吗？"

慧宗禅师听了之后，笑着说："我养兰花可不是为了生气的，你们也不是故意弄坏兰花，兰花既然已经蔫了，再养就是了，人为什么要跟自己过不去呢？"

弟子们听了慧宗禅师的话，都若有所思地低下了头。

现在互联网发达，人人都有微信、微博，不管离得多远，世界上发生的事情也能知道。我经常看到微博上转发的"在游乐园因为孩子闹着玩，家长们大打出手，骂骂咧咧"的视频。有的人一生起气来，什么都不管不顾了，完全沦为情绪的奴隶，往往会造成可怕的后果，既伤害了自己，也伤害了别人。

每个人都要面对生活里很多烦心事，如果因为每一件鸡毛蒜皮的小事伤身，每天怨天尤人、闷闷不乐的，甚至把怒气转移到他人身上，要别人为自己负责，最终朋友会远离你，家人也理解不了你。与其每天痛苦，不如把生活里的不如意当作生活的磨炼，用豁达开阔的心态去对待周围的人和事，一切都会豁然开朗。

也有人说："如果是别人伤害了我，我也不能计较吗？"其实，人与人之间的摩擦在所难免，时刻想着别人对自己的亏欠，很难获得真正的快乐，当你斤斤计较的时候，任由别人来主宰自己心情的时候，岂不是失去了自我？但是，**只要你原谅了别人，也就解放了自己，生命的田地里才会绿草如茵。**

积水成海，积善得福

对于游子来说，与家人久别重逢，在一块儿共享天伦之乐就是福报；对于逃荒的难民来说，能解决温饱就是福报；对于病人来说，拥有健康的身体就是福报。

但是怎样才能得到福报呢？佛曰："**人有善念天必佑之，忠厚之人必多福报**"。有因必有果，佛家讲究因果报应。福报不像发财一下子就来了，也不是大德一加持就有了，一定要依靠自己辛勤劳作，一点一滴去积累。禅语中讲"**爱出者爱返，福往者福来**"，下面就用怀德大师与小和尚的故事，给大家讲解这个道理。

有一次，怀德大师带着小和尚云游四方，师徒二人沿着山间小路往前走，感觉又累又困。过了一会儿，怀德大师发现前面有一个老人，背着一个看起来非常沉重的包袱在走。怀德大师忙拉着弟子赶过去说："老人家，我们帮你拿一会儿东西吧！"然而，小和尚却不乐意，心想"我们已经这么累了，师傅还硬充好人。"心里虽然这么想，小和尚却不敢违背师傅的意思，非常不情愿地帮老人拿起了包袱。怀德大师和徒弟帮老人拿了一段路程的包袱，这时老人的儿子赶着车来迎接自己的父亲，就让他们师徒搭了顺风车，小和尚的脸也由阴转晴，而且还送了他们一段。

有因才有果，怀德大师乐于去帮助别人，这虽然耗费了自己的体力，耗费了自己的时间，放慢了前进的步伐，但是无形中也是在帮助自己，也是在为自己赶路。帮助别人并不需要你有什么大的举动，也不需要你倾家荡产，付出大量的时间与精力，而只需要在生

积水成海，积善得福

活中，看到一个摔倒的老人扶上一把，给冷得不行的人披上一件棉衣，经常多陪一陪自己的父母，如果每个人都有这份助人的爱心，我们的世界就变成了真正的天堂，那真的是世界人民的福。

"人为善，福虽未至，祸已远离"，有时候有因不一定立即有果，但是经过一点点的积累，福气早晚会来的。正像那句佛语所说的"善有善报，恶有恶报，不是不报，时候未到。"

人要知福，惜福，一点一滴地为别人带来福气，才能给自己带来福气。

古人云："**孝为百善之首。**"孝顺父母，是人世间最大的功德。"**不孝父母，拜佛无益。**"如果不孝父母，而是虚情假意地拜佛，学佛，做再多的功，捐再多的钱，皆是自欺欺人，福也不会真正到来。

孝敬父母不能流于形式，而要实实在在，平时带着孩子多去陪陪父母，让父母颐养天年，也许这会耗费你许多时间、许多精力，但是换回来的却是天伦之乐、邻里交口称赞、家庭和睦安康、事业顺顺利利，这些都是孝顺带来的福气。

生活就像山谷里的回声，你付出什么就得到什么。当你每天都撒下福气的种子，也许某一天你就会收获比种子大得多的果实。**三餐常思农夫苦，日用不忘众生恩。**我们要知道感恩，一点一滴地积德，一件一件地做好事，福气才能真正到来。

很久以前，在山林中有位隐居的高僧。由于他很有智慧，很多人都慕名而来，千里迢迢来找他，想跟他学习生活方面的知识。

有一次，他们跟随大师到深山里挑水，人们注意到，大师每次挑的水并不多，两只木桶都没有装满。在他们心目中，大师应该是用很大的桶，挑起满满的水来，可是大师为什么不把桶挑满呢？

他们很不理解，就跑去问大师这是什么道理。大师说："挑水并不一定要挑得最多，挑的水够用就好。一味贪多，会适得其反。"

众人越发地不解了。于是，大师让他们中的一个人，到山谷上重新打了满满的两桶水。那人走在平地上摇摇晃晃，挑得非常吃力。但是走到较陡的山路上时，没走几步，一不小心就跌倒在路上，水全都洒了，衣服也湿透了，膝盖也摔破了。

看到这种情况，大师说："水洒了，不是还得再打一桶吗？膝盖摔破了，走路会变得更加艰难，这样做岂不是得不偿失，比刚才挑得还少吗？"

众人迷茫地问道："那么请问大师，具体该挑多少水，怎么估计挑水的量呢？"大师指着这个桶笑着说："你们看这个桶，这里画的一条线是我的底线，每当水超过这条线时，就超过了我的能力和需要。等自己能力变强了，才可以根据情况，适当向上画这条线。"

这个故事告诉我们，不管做什么事，都要给自己画一条线进行定位，有这样一条线可以时刻提醒我们，凡事要尽力而为，但是也要量力而行，不要把目标定得太大，凡事不要强求，应该根据自己的情况，尽力去做，循序渐进，才能达到目标。

古诗曰："生当作人杰，死亦为鬼雄，至今思项羽，不肯过江东。"说的是自从垓下兵败后，楚霸王项羽一路突围，逃到乌江后，发现自己带出来的八百江东子弟兵死亡殆尽，自觉无缘再见江东父老，于是自刎乌江之畔。

这是多么可悲啊。他若明白"胜败乃兵家之常事""凡事当尽力随缘"，忍辱负重，渡过乌江，家乡父老怎会怪他，只要从头再来，或许历史将被改写。正像杜牧诗云："江东子弟多才俊，卷土重来未可知。"

佛语云："**势不可去尽，话不可说尽，福不可享尽，规则不可行尽。凡事太尽，缘分势必早尽。**"所以，凡事不要勉强，把自己的事情做好，尽心尽力，问心无愧即可。一旦拥有这样的心态，你的生活将会充满了阳光。

舌头上的福祸

俗话说："沉默是金，言多必失"。这句话不是告诉我们不要说话，也不是告诉我们知而不言，而是教导我们说话要巧，说话要少，该说的说，不该说的不说。大家都知道，学会沉默是一种智慧、一种修养，可学会说话又何尝不是一种尊重，一种成熟，一种心灵的沟通。

从前有位禅师，他的徒弟是个懒虫，总是日上三竿才起。有一天他叫醒徒弟，并对他大叫："你还睡，连乌龟都已经爬到池塘边晒太阳了。"这时，有个人听到禅师的话，就想炖个乌龟汤喝，就赶到池塘边，果然看到有许多乌龟正在晒太阳。这个人抓了几只乌龟，回家炖了汤。为了感谢禅师的提示，他带了些礼物给禅师。但是，禅师对乌龟的死感到愧疚，于是发誓不再说话。

过了些日子，禅师坐在寺庙面前，看见一位盲人朝着寺庙前面的池塘走了过去。他原本想要告诉盲人不要向前走，前面就是池塘，但是他又想到了自己的誓言，最后决定保持沉默。正当他在想这件事时，盲人早已经掉进了池塘，身上虽无大碍，但也伤痕累累。这件事让禅师觉得很难过，他本可以阻止这件事，但自己却什么都没说，选择了沉默，选择了遵守那古板的誓言。

这两件事告诉我们，许多事情都是相对的，我们话说得太多了，说得太杂了，就会出错。有时候可能说话的人没什么特别的意思，但不同的人听了，感受可能就不一样，甚至我们已经把人得罪了，自己还一点也不清楚。

当然，更不能一味死板，只知道"沉默是金，沉默是福"，这样虽然不会得罪什么人，但是也做不了什么事。所以，不该说的话不说，该说的话一定要说，这样为人处世，才能游刃有余。

舌头为祸福之门、利害之本。病从口入，祸从口出，有些疾病，是因为不良饮食引起的；同样有些祸患也是语言不慎招致的。"好言一句三冬暖，恶语一句六月寒。"因此，我们要学会驾驭自己的舌头，让它更好地为我们服务。

佛门为什么要戒酒

在当代人的意识里，认为生意来往、应酬和谈判的过程中，似乎没有烟没有酒，就做不成生意。但是实际上，许多不抽烟、不喝酒的人照样成功。在人际交往中，不抽烟、不喝酒会让人另眼相看，人们会觉得你文质彬彬，比较可靠，这样你反而更容易成事。佛门中的五戒之一就有酒戒。

在电视剧中，我们经常会看到一些佛门弟子，违反了酒戒，就会自我安慰："酒肉穿肠过，佛祖心中留。"其实这只是演艺圈为了吸引观众而设置的情节，现实中的佛门，特别注意酒戒，认为酒戒为五戒的基础，喝酒会导致人心神颠倒，乱性害人。在《梵纲经》中，对酒戒就有很严格的规定，即使自己不喝，只是沽酒（包括卖酒、买酒）或教人饮酒，都属犯戒行为，而且沽酒是非常严重的罪。

对于为什么要戒酒，佛门中流传着这样一个故事。

有位守五戒的修行人住在寂静山林中修行，突然有一天来了一个女人，她手里拿着一瓶酒，还牵着一只羊，走到修行人面前，对他说："你或者与我做不净行，或者杀了这只羊，或者喝下这瓶酒，三者必择其一。"修行人听罢不由寻思："我当然不能与她做不净的事，而杀生为五戒之首，所以我更不能杀生，因为这两样过失太大了，而饮酒的过失相对稍小，不妨选择饮酒了事。"于是他对那女人说："我选择喝下你手中的酒，我喝完之后，请你立即离开，不要打扰我修行。"谁料他饮酒后，心智陷于迷乱，不仅杀了羊，还与女人做了不净的事，最终三样过失都被一一犯下，只能悔恨不已。

所以，守五戒的关键就是不准饮酒，酒是性罪，也就是说，一旦你喝了酒，特别是喝醉之后，就很容易犯杀生、偷盗、说妄语等罪业，所以佛教就要求戒酒。

不仅仅是佛教要求戒酒，在当代社会，很多人也意识到了，喝酒会造成许多过失。有的人，不喝酒的时候，言谈举止都很好，但是当喝完酒之后，就会失去对自己的控制，简直判若两人，例如喝酒后打老婆，打孩子，甚至一念之差做出一些让自己后悔终生的事。

佛说："**饮酒世间蔑，误事亦耗财，财迷行非事，是故恒戒酒。**"可见，饮酒对人对己都不利，为何还要饮酒呢？所以，我们要戒酒。

明日复明日，万事成蹉跎

猎豹是森林中打猎的行家，最爱吃的食物是羚羊。每当它准备捕食羚羊时，总是会在高高的草丛中埋伏几个小时，寻找较为弱小的羚羊作为自己的目标，并趴在草丛中一动不动地注视着自己的猎物，等羚羊吃饱后，放松了警惕，它就会迅速发起进攻。在追击猎物的过程中，即使从别的羚羊身边经过，猎豹也不会理睬，只会死死追赶自己的目标。这时的羚羊刚刚吃饱，奔跑起来笨拙了许多，猎豹只要一鼓作气，很快就能够成功捕食。如果猎豹在追击猎物的过程中，转而去追更近的猎物，过不了多久，就会被累垮，最终一无所获。

"提前锁定目标，做好打算，为了目标努力追逐"，是猎豹的生存智慧；在生活中，**"早做打算，持之以恒"，是成功者的智慧。**

早做打算，必须先全面了解情况。兵法有云："**知己知彼，百战不殆。**"在战场上，只有做到"知己"和"知彼"，准确把握天时、地利和人和，在战略上高瞻远瞩，战术上稳扎稳打，才可以运筹于帷幄之中，决胜于千里之外。

早做打算，关键在行动，而成功最怕拖延。人的生命只有一次，要好好珍惜，拖延时间就是浪费生命。这里有一首《明日歌》献给大家，希望能对大家有所帮助。

明日复明日，明日何其多！

我生待明日，万事成蹉跎。

世人皆被明日累，明日无穷老将至。

晨昏滚滚水东流。今古悠悠日西坠。

百年明日能几何？请君听我《明日歌》。

有个将军曾经说："时钟随着指针的移动滴答在响：'秒'是雄赳赳气昂昂列队行进的兵士，'分'是士官，'小时'是带队冲锋陷阵的骁勇的军官。所以当你百无聊赖、胡思乱想的时候，请记住你掌上有千军万马，你是他们的统帅。检阅他们时，你不妨问问自己，他们是否在战斗中发挥了最大的作用。"

明日复明日，万事成蹉跎

所以，朋友们，请早早立志，抓紧时间，努力奋斗，明日之事，最好今天就开始，毕竟**盛年不重来，一日难再晨，及时宜自勉，岁月不待人。**

身要动，心要静，迈开腿，管好嘴

前些日子，一位老先生找到我，愁眉不展，气色也不好。我询问之后，他才叹了口气说："我是大学里的历史教师，退休半年了，也不知道怎么的，退休之后没事干，一下子没了精气神，老是这疼那疼的！"

我问他："退休之后你每天做什么呢？"

他说："啥也没心情干了，以前上班，每天想着给学生上课，有动力。现在时间多了，也泄了气，每天吃了睡，睡了吃的，觉得生活一点意思都没有，还容易生病，人上了年纪，就是不中用了啊！"

我笑着告诉他："人的身体和机器是一样的，要经常用用，才能灵光。身要动，心要静。因为身体要运动，才能让各个器官正常运行，心里要清净，不受杂念的干扰，否则就会有烦恼，精神也不好！"

他很感慨地点点头，说："退休了没事干，就觉得自己没用了，看来我以后得找点事做，让自己动起来！"

过了约莫一个月，老先生红光满面地来找我，高兴地说："我现在在养老院做义工呢，陪老年人聊聊天，做点体力活，每天都在公园里练太极，生活可充实了，说来也奇怪，现在啥病都没了！"

身要动，心要静，是养生家们都信奉的养生秘诀。身体就是一个精密设计的机器，各个器官要协调配合才能保证身体健康，动起来能够滋养阳气，促进身体吸收食物的营养，排出毒素，提高身体素质，就能够对抗各种疾病，延年益寿。心要静，意思就是要去除心里的杂念，克服焦躁等负面情绪，保持心神安宁。

身要动，心要静，迈开腿，管好嘴

现代很多人吃了饭之后，揉揉肚子就躺在沙发上看电视，玩手机，这是一个特别不好的习惯。尤其是在吃过饭以后，若不适当运动，食物就难以消化吸收，久而久之就易形成高血压、糖尿病等。

很多人上了一天班，难免有不顺心的时候，回到家看到不顺眼的就想发脾气，这就是心不静，没有让心安住，自己不开心，周围的人也跟着遭殃。有的研究显示，现代人的很多疾病，有 70% 都是因为情绪引起的。

身要动，心要静。忙碌起来，身体健康，心不被烦恼污染，才能安宁。有一个健康的身体，不仅仅是为自己长寿，也为了更好地为众生服务。只要精神状态好了，身体也会强健起来，才能专心求佛法，得到大智慧，能够用慈悲心普度众生的疾苦，这也是为自己积累福报。

高处巍巍不胜寒，后退原来是向前

有一个人是登山爱好者，他的目标是登上帕尔巴特峰。他准备充分以后，就和朋友一起出发了。朋友在山下负责观察天气变化，他就向上攀登。

本来天气晴好，下午却突然刮起了大风，天空中布满了乌云，朋友赶紧通过对讲机告诉他："你赶紧下来，现在山上太危险了！"

可是这个人说："我已经爬了一大半了，现在下去太可惜了，我再等等！"

过了一会儿，这个人又对朋友说："山上的风小了，我今晚就在这露营，明天接着向上爬！"

朋友立即阻止他，说："不行，晚上可能会再下雪，你快点下来吧！"

这个人却没有当回事，他笑笑说："我现在下去了，明天还得重新爬上来！"

朋友没有办法，只能由着他了。夜里，天气竟好转了，明月照在山上，特别美丽，这个人还兴奋地跟朋友描述山上的美景，可是朋友怎么都不放心，一大早醒来就赶紧通过对讲机联系他，可是那边却再也没有回应了。

原来山上在后半夜发生了雪崩，朋友知道消息后放声大哭，可是这个人却再也回不来了。

试想这个人如果在察觉天气变化时就下山，第二天再继续登山，是不是就能到达顶峰？正是因为他不愿意适当后退，才酿成了惨剧。

很多人都说，学习如逆水行舟，不进则退，所以做事一往无前，不敢有丝毫懈怠，导致极度紧张，就像被过度拉伸的弹簧一样，一碰就断，这种人一旦受到挫折往往一蹶不振。

但是，人生活在现实里，就要学会承受压力和挫折，就要像弹簧一样，被挤压后可以弹得更高，缩小自己的身板是为了爆发更大的能量。

大家都知道，三级跳运动员在起跳之前的准备动作就是后退，后退，再后退，这样才可以获得更快的助跑速度。这个道理对每个人都是一样的，遇到瓶颈和困难的时候，后退一步，静下心想想问题出在哪，然后解决问题，才能更好地前进。此时的后退，是蛰伏，是反思，也是厚积薄发。

佛家说，**身心清净方为道，退步原来是向前**。学佛的人大都谦卑，对人彬彬有礼，见人就说"阿弥陀佛"，这不是因为地位或学识的高低，而是因为他们深知谦卑地反省之后才能爬得更高，才能领悟到佛学的精髓。现代人要做到这一点，并不是一件容易的事，唯有时刻提醒自己，退步就是为了更好地向前，怀着一颗谦卑的心去生活和工作，才能每天都有新突破。

难舍难放，烦恼之源

有一个年轻人背着个大包裹，风尘仆仆地找到禅师。他问禅师："我走了很久的路才找到您，背着包裹累得我腰都直不起来了，脚也磨出了泡，还要承受一个人的寂寞。现在我见到了您，可是我为什么一点也不快乐呢？"

禅师问："你的包裹那么沉，里面装的是什么呢？"

年轻人回答："这个包裹里装着我一路上的开心和烦恼，正是靠着这个力量，我才有勇气找到您啊！"

禅师什么也没有说，就带年轻人去坐船。

过了河后，禅师对年轻人说："刚刚我们坐了船，你把船扛上走吧！"

年轻人特别惊讶，说："船那么沉，我怎么能扛得动呢？"

禅师点点头说："是啊，你当然扛不动一艘船。过河时，我们需要船，但是过了河，我们也没必要扛着船走，否则就会成为我们的负担。你前进路上的愉快、苦恼和寂寞都是你宝贵的经历，让你变得强大。但是把它们总是放在心里，就成为你的大包袱了，要想轻

难舍难放，烦恼之源

松上路，就要学会放下！"

年轻人听了禅师的话之后，就把自己的包袱放下了，继续赶路，才发现自己走得更轻快、更有力量了。

对于大多数人来讲，生活本身就是巨大的压力，佛说众生皆苦，因为人会面对各种选择，会拥有越来越大的欲望，欲望越多，执念就越重，所以现代人经常觉得压力越来越大了，其实是因为舍不得放下。修行就是破除自身的执念，放下心里的包袱，才能轻装上阵。

众生舍不得放下什么，就会被什么困住难以脱身，这就是佛说的"执念"，人们经常以为自己放不下的是自己的金钱、事业和美丽的衣服、华丽的包包，也有很多人放不下过去的感情，念念不忘，有时候甚至会影响现在的生活。

其实这都有一个共同点，就是放不下自己内心的执念。这些执念如果不放下，就会像一座大山一样，压得人喘不过气来，又怎么能继续向前行走呢？

我在没发现自己得癌症之前，在医院天天被病人围着，还经常有人请我到世界各地去讲学。我在美国、意大利以及中国的台湾、香港等很多地方都办有学习班，挣的钱根本花不完。等到发现患了癌症，我才明白，要那么多钱有什么用呢？钱不花就不是钱。

我当时想，自己快不行了，把这些产业都留给孩子吧？但是人家说了："师傅，我只认您一个人！"看，连给孩子都留不了。于是，在1996年的时候，我毅然把自己在世界各地的培训班、自己的房子都变卖了，把所得的3000多万元，毅然盖了佛光寺、古禅寺，在河南省内捐助修建希望小学32所。这二十多年来，我不外出的时候，就在寺里接待前来寺院求助的人。有时候给他们用药治病，有时候开导他们的心灵。

佛说，一切众生都有如来智慧德相。悉达多太子为了追求佛法的真理放下了锦衣玉食的生活，才成为拥有大智慧的人，获得了开启快乐之门的钥匙。由此可见，放下背在身上的包裹，可以让我们的身体轻松，放下心里的烦恼和执念，则可以让心回归平静，领悟到生活的智慧，成为一个圆满的人。只有学会舍弃和放下，才能成就更好的人生。

清心则福近，寡欲则祸远

有一天，有人在河边垂钓，他用肥嫩的蚯蚓当鱼饵，引来很多鱼在鱼钩前转悠。大鱼就问小鱼："看到这美味的蚯蚓，你们会怎么做呢？"

小鱼们纷纷想办法，发言也很积极，都在想怎么才能吃到蚯蚓，又不会被鱼钩钓上去。

第一条小鱼沉思着说："我可以一点一点地吃蚯蚓，躲开鱼钩，碰到鱼钩就赶紧走！"

第二条小鱼摇摇头，说："那样不行，如果是我，我就飞快地把蚯蚓吃掉，再用最快的速度把鱼钩吐出来，让人抓不到我！"

第三条小鱼说："那我就咬住蚯蚓的尾部，使劲把它扯下来，不就可以安全地吃到美味了吗？"

大鱼听了他们的回答，摇了摇头，说："都不对，欲望太大，可能连小命都保不住了。最好的办法就是远离欲望！"然后大鱼就游走了。

可是第一条小鱼不相信，它慢慢地靠近蚯蚓，一口一口地吃着美味，但是等到想要逃离鱼钩的时候已经太晚了，它被鱼钩牢牢钩住，成为了人们的盘中餐。

现在生活条件好了，人们想要的东西更多了，飞机、高铁让人们来去自由，很多人都想要去更远的地方看看，吃更美味的食物，住更大的房子。其实，在实际生活中，不管拥有多少财富，睡觉不过三尺之地，一日不过三餐之量。

但在基本的需求被满足之后，人们的欲望也开始不断膨胀，慢慢地，欲望会成为累赘，让人焦虑、迷茫，甚至做出错误的选择，浪费资源，破坏环境，最后只会得到大自然的惩罚。

现在人们去买菜，选择也多了，市场上各式各样的蔬菜水果应有尽有，可是人们却不敢放心选购食材了，看见猪肉，担心是注水猪肉，看见蔬菜，担心打了农药，遇到大豆，担心是转基因的，连吃都不敢放心了。

其实，这都是因为欲望太大，商人想要挣更多的钱，就动了歪脑筋，比如：给苹果打蜡，让它看上去成色更好，就能卖个好价钱，再缺斤短两多赚几毛钱，慢慢地市场就乱了，人心也乱了，谁都不敢放心吃东西了，连身体的健康都不能保证，谁还敢谈其他呢？

有人说，人生活在这世界上，就是追求享乐，逃避痛苦的，趋利避害是人的本能。但是，**感官享受只是一时之乐，要想从根本上减少烦恼，就要学会放下欲望。**因为，欲望过多，只会给人带来沉重的负担，令人心烦意乱，自然难以获得大自在。

其实，学佛就是修行自己的内心，放下执着和分别心，就能及时克服自己的欲望和贪念，就不会总是想着自己，才能把众生放在第一位，**自身无欲无求，念念慈悲欢喜，又何来烦恼呢？**

付出不求回报，祸福岂无因果

在一个冬天的夜里，风雨交加，一个年轻人在开车回家的路上，车子却突然抛锚。他当时在郊外，天气又不好，即便等救援来，也要好几个小时，年轻人感到特别无助。

这时候，正巧有一辆货车经过，看到这个情景，货车司机急忙吆喝车上的同伴下来，用绳子把年轻人的车拉到了维修站。年轻人感激不尽，说："您一定留个联系方式，我日后一定要感谢您！"年轻人一边说着，一边从钱包里拿出所有的现金，要给货车司机。

可是货车司机却坚决不收，说："我帮你不是为了钱，也不要啥回报，下次有人需要帮助，你也伸出援手就好啦！"

年轻人在此后的日子里，看到身处困境的人，就主动伸出援手，帮助了很多人，每当别人想要报答他，他也对别人说："我不需要回报，看到别人需要帮助，你也帮一把就好了！"

很多年之后，年轻人去山里旅游，遇见泥石流，那一瞬间他脑袋一片空白，正在想着："完了，这下很难活命了。"却只见一个勇

付出不求回报，祸福岂无因果

敢的小伙子伸手拉了他一把，带他躲开了泥石流。事后，他特别感激地问小伙子："谢谢你，我要怎么才能感谢你呢？"

没想到，小伙子竟然说出了一样的话，他说："我不要感谢，下次你去帮别人吧！"

年轻人一时百感交集，他心里想："付出不求回报，也能串起爱的链条，每个人的付出，都会回馈到自己身上。"

现在很多人做好事，都带着目的性，想着能获得好名声，但这样不仅得不到回报，反而会两手空空，只有不求回报的付出才能得到善报。

我们对僧人布施，给菩萨供香火，如果一心想着布施之后，菩萨就能够保佑家人安康，万事如意，那功利性就太强了，反而失去了求菩萨的诚心。菩萨把恩德播撒在人间，却没有想过要得到人们的回报。

汶川大地震的时候，很多人都出了一份力，有钱的捐钱，有物的捐物，也有很大一部分人没有透露自己的名字，他们用自己的力量帮助别人渡过困境，却不求得到什么，所以付出之后，心里了无挂念，生活轻松自在，福报自会降临。

真正的付出，就是不求回报。如果做任何事情都想着自己的得失，你今天帮助了一个人，老是想着："他什么时候会回报呢？会拿什么来回报我呢？"如果被帮助的人什么都没有做，或者只用很少东西对你表示感谢，你的心里就会增加烦恼，这只能说明你在做善事的时候，发心不纯净，所以才会苦恼。

真正想要去帮助别人，就不会计较自己的得失，只会想别人能否得到利益，这样内心才会平稳安宁，任何时候都充满喜乐。

不紧不慢，不偏不倚

我年轻的时候，喜欢去陶艺馆看工匠做陶器，他们先把黏土调匀，不能太硬也不能太软，然后手捏黏土，在转盘上成形，速度不能太快也不能太慢，太快了黏土立不住，太慢陶器就没了形状。

我常常一待就是一下午，在转盘不快不慢的转动里，细细品悟人生的学问。

有一天，我问陶艺师："你不觉得这份工作枯燥吗？只能按照这个速度来，不能随心所欲，想快就快些，想慢就慢些！"

陶艺师等手头的工作完成，才抬起头，笑笑说："以前我是个急性子，做什么都雷厉风行的，非要一次完成。后来呀，才发现急性子容易冲动，总是做出后悔莫及的事情，接触了陶艺之后，才感觉生命回到了正常的轨道呢！"

他接着讲起了自己的故事，他曾经是个小有成就的白领，在公司里管理着十几号人，虽然业务能力出众，可是他脾气急，说话也直，不知不觉就得罪了很多同事，他还不当回事。直到有一天，因为他的冒失，导致一个项目出错，他才意识到自己的生活节奏出了问题，接触陶艺之后，他就爱上了这个工作，所以干脆把工作辞了，做了一名陶艺师。

他看着眼前的陶器，说："是陶艺让我明白了，生活不能操之过急，也不能慢慢吞吞，只有把握好节奏，才能做好眼前的事，成为别人眼里的成功者！"

听完他的话，我感慨良多。在这个物欲横流的社会里，很多人都在焦急地往前跑，生怕被滚滚向前的时代车轮落下，所以每个人脸上都写满了焦虑，做什么事都追求效率，想要在竞争中有足够的实力。哪怕是谈恋爱，都变成快餐式的，两个人没有心思去互相了解，条件都合适就可以结婚了，双方看不顺眼直接拉倒。结果到头来，发现生活是一团乱麻，不仅没有办成什么事，而且再也找不到简单和快乐了。

在生活里也有人慢吞吞的，不求上进，抱着"当一天和尚撞一天钟"的心态，在生活里晃晃悠悠，在工作上更是得过且过，早早断送了自己的大好前程。

其实，**要想成就一番事业，就要找到快和慢的平衡点，不能太快，也不能太慢**。只有这样，才能保持闲适的心态，在纷纷扰扰的尘世间给自己觅得"世外桃源"。

修行也是一样，念佛参禅都讲究一个不偏不倚，不紧不慢，不能太过追求某件事物，也不能过于懈怠，才能达到一个恰到好处的境界，做到取舍有度，生活和工作都会顺利起来。

眼看七尺远，一步一脚印

修行无处不在，贯穿于生活里的每个细节，就连走路也是需要修行的。以前在寺院里走路时，师傅经常说，要聚精会神，不要东张西望，上天给我们两只眼睛，是为了走好脚下的路，不能双眼下垂，看见什么都好像没看见，听见什么都置若罔闻，这才是消耗自己的福报呢。

佛家说，夏天要减少出行，因为夏天万物复苏，小动物也都出来活动了，如果走路不小心踩死小动物，就是对生命的不尊重，自己看到之后心里也会难过，无端增加很多苦恼。所以说，在修行中，走路时要眼看七尺远，不瞻前顾后，对前方的事物观察细致，步子稳重踏实，不能蹦跳打闹，否则不仅影响佛门形象，也不利于保持修行的心态。

其实，这也是要求我们做事踏实，不要走马观花。

北宋史学家司马光曾编撰了我国最大的一部古代编年史——《资治通鉴》。他治学严谨，为编撰《资治通鉴》，每天天不亮就起床，一直工作到深夜。他对书稿精益求精，六百多卷的初稿，到定稿时只剩下 80 卷，而且全部用工楷字写成，没有写一个草字，剩下的废稿把两间屋子都堆放满了。全书上起战国，下至五代，共写了 1360 年的历史。

他这种认真踏实的治学态度，受到人们的赞扬。一次，司马光问他的朋友："你看我是怎样一个人？"朋友答道："你是一个脚踏实地的人。"

我以前为什么能成为名中医？就是因为**志向明确，心无旁骛**，专心学医，否则，人的精力是有限的，学学这又学学那，心都乱了，还怎么成功？

眼看七尺远，一步一脚印

返璞归真，万事随缘

人的一生就像爬山一样，我们本来可以轻松一点，爬上山的顶端去欣赏那如画的风景，但是由于我们身上背负了太重的包袱，考虑得太多，想知道的太多，带着无休止的索求上路，导致我们不但爬得越来越累，甚至忽略了沿途许多美丽风景，只留得一身的疲惫。

从前在杞国，有一个人胆量非常小，而且有点神经兮兮的，他常会想到一些奇怪的问题，让人觉得莫名其妙。

有一天，他吃过晚饭以后，拿了一把大蒲扇，坐在门前乘凉，并且自言自语地说："假如有一天，天塌了下来，那该怎么办呢？我们岂不是无路可逃，将被活活地压死，这不就太冤枉了吗？"

从此以后，他几乎每天为这个问题发愁。朋友见他终日精神恍惚，脸色憔悴，都很替他担心，但是，当大家知道原因后，都跑来劝他："老兄啊！你何必为这件事自寻烦恼呢？天空怎么会塌下来呢？再说即使真的塌下来，那也不是你一个人忧虑发愁就可以解决的啊，想开点吧！"

可是，无论人家怎么说，他都不相信，仍然时常为这个不必要的问题担忧。后来的人就根据上面这个故事，引申为"杞人忧天"

这句成语。

这个寓言故事告诉人们，不要想得太多，不要为一些不切实际的事情而忧愁，做得简单一点，想得现实一点，不然我们会很累。

正所谓："**天下本无事，庸人自扰之。**"

天下的烦心事，其实都是人们想得太多、知道得太多造成的。

杞人忧天

人们吃饱了，喝足了，总要在一些方面比个高下、善恶、是非、美丑，人们知道得越多，比的方面也就越多，烦恼也就越大。

就像一个淳朴、自然的孩童，涉世未深，知道的还不多，一只蚂蚁、一次游戏、一次赞扬……这些简单的东西，就能让他高兴一整天。但人到了成年以后，知道得多了，做事考虑得多了，就容易患得患失，搞得心神不宁，身心俱疲。

佛曰："**相由心生，相随心灭。事来心现，事去心空。**"有了这种万事随缘的豁达心态，不为名利，不计得失，返璞归真，简简单单，烦恼从何而来？

所以，当我们太累的时候，何不忘记杂念，放下私欲，卸掉虚伪的外衣和面具，让心灵自由自在、无牵无挂地飞翔。

一日三省，见贤思齐

随着社会的不断进步，反省在生活中发挥的作用越发重要，古往今来一个人、一个团队、一个国家要想进步，就必须进行反省。

儒家的代表人物曾子说："**吾日三省吾身，为人谋而不忠乎？与朋友交而不信乎？传而不习乎？**"就是在告诫大家，每日都要再三反省自己，认真总结自己的过失，查漏补缺，找出差距，及时纠正，以利于更好地发展。

佛教中有一个众所周知的故事：

鬼子母有一千个儿子，她最疼爱小儿子。

鬼子母爱吃小孩肉，常到人间抓小孩，活生生地当食物吃。人们受不了这种痛苦，纷纷向佛陀求救。佛陀将鬼子母的小儿子捉来，扣在自己的钵里。

鬼子母回来发现小儿子失踪了，特别着急，不吃、不喝、不睡，上天入地到处找，整整找了七天，也没有找到。后来，她听说佛陀无所不知，就到佛陀那里去哭诉。

佛陀说："你有一千个儿子，才丢了一个就这样难过。别的百姓只有两三个孩子，甚至是独生子，却被你吃掉了。你想想人家的心情，是不是比你更痛苦？"

听到这番话，鬼子母当下醒悟，在佛陀面前忏悔道："我错了，只要能让我找到小儿子，我再也不吃别人的孩子了。"佛陀便把她的小儿子从钵里放出来，还给了她。

佛曰："多一分心力注意别人，就少一分心力反省自己。"

在生活中，我们每当遇到挫折和失败的时候，不要一味埋怨别人或是埋怨自己的运气不好，也应注意反省自己，找到自己的错误和不足，虚心检讨自己，日省其身，有则改之，无则加勉。

人们平时往往执着于自我，很容易迷失，对自己没有足够的认识，很容易出错，所以我们要学会反思。正所谓**"见贤思齐焉，见不贤而内自省也"**。就是说做人要虚心学习，时刻检讨自己，及时改正错误，才能成就一番事业。

第四篇

念念护善心，默默潜修行

人为什么要修行

医学认为，女性的黄金年龄段在 22 岁到 32 岁之间，男性的黄金年龄段在 25 岁到 35 岁之间。在这个时期，人体的代谢机能稳定，在这个年龄节点之后，身体的代谢功能就开始逐渐下降，本来的一日三餐也要适当减少为一日两餐。

吃得太多身体难以消化，就转化为脂肪。人在变得肥胖之后，就产生了惰性，加上每天生活和工作的压力都很大，疏于对身体的管理，一系列健康问题就都出现了。

婴儿刚出生时，全身的毛细血管很丰富，随着不断生长发育，毛细血管就逐渐减少，甚至发生堵塞，引发一系列的健康问题。产生这种现象的原因就是人心中的杂念随着年龄增长越来越多，体内的杂质也会随之增加，就会导致血液循环逐渐变差，直至血管被堵塞。

佛家之所以要修道，就是要保持心静如水，学会克制自己的情绪。医学实验表明，人的情绪稳定的时候，血管流量稳定，但是发怒的时候脉搏就变快了，血液就不能顺畅运行，长期积累下去身体就会出现问题。

现代人要修行，关键在调整心灵和气息，保持稳定，打坐参禅时，血液在指尖、脚趾头的循环都比平时慢几倍，此时心平气和，非常有益于健康。

修道之人要明白人体的五脏六腑与大自然的对应，了解生命的过程，对生理变化有清晰的认识。修炼不是每天打坐就可以了，最重要的是要实现心灵的宁静，获取生命的大智慧。遇到事情要处变不惊，心灵平和清明，这样才会给身体带来积极的影响，有助于身体健康。

年龄越大越要注重修行，因为老年人身体的代谢功能下降，而修行能够促进五脏六腑平稳运行，身体也会更为健康。

欲壑若难填，苦海总无边

最近经常有人来找我倾诉苦恼，说生存环境太差了，出门就要戴口罩，喝的水要用净化器，室内也要装上新风系统。

事实上，随着经济的发展，人们的温饱问题解决了，物质更丰盈，对生存环境也更关心了。

大家都知道，近年来，雾霾、水污染、噪音污染等给我们的生活带来了极大的困扰，相关数据显示，全世界要达到美国、德国这样的经济水平，需要消耗数个地球的资源，可我们的地球只有一个，地球上的资源也不是取之不尽的。

但是，在现代全球发展的大环境下，每个国家都在追求经济的进步，也在不断争取国际地位的提高，这样一来，对资源的索取就没有节制了，必然带来严重的环境破坏。如果不能及时认识到这一问题的严峻性，毫无疑问，人类最终只能自取灭亡。

那么，我们该怎么办呢？最重要的，是应该减少我们的欲望。买那么多房子做什么？挣那么多钱做什么？住不完，花不完。

佛祖有句话说得真好啊！"**财色于人，人之不舍。譬如刀刃有蜜，不足一餐之美。小儿舐之，则有割舌之患。**"就是说，财和色，人们都不愿意舍去，但这就像是刀刃上的蜂蜜一样，虽然很诱人，但是不够我们吃一顿的，要是真忍不住去舔的话，就有可能割破舌头。

欲壑若难填，苦海总无边

另外，佛祖还说：**菩萨畏因，众生畏果**。菩萨为了防止恶果的发生，从源头处就制止不好的行为，而芸芸众生则只害怕不好的结果，只有在糟糕的局面发生之后，才后悔之前不好的做法。

如果人人都能够对因果报应怀有一定的敬畏之心，就不会无止境地追逐物质层面的东西，通过佛家的理念，能让人们对大自然有敬畏之心，控制自身欲望，自然利人利己。

学而不思则迷，人云亦云则乱

北宋有一个著名的科学家叫沈括，他特别勤奋，遇到事情就爱钻研，直到找到答案才罢休。沈括小时候有一天，读到一句诗："人间四月芳菲尽，山寺桃花始盛开"，他感觉特别疑惑，心里想："为什么我们这里的桃花都已经开败了，山上的桃花才开始盛开呢？"

沈括大为不解，就去问小伙伴，小伙伴们也都纷纷摇头说不知道。于是沈括约了小伙伴一起去山上一探究竟，一上山才发现，山上的气温很低，山下都是暮春时节了，可是山上还冻得小伙伴们都喊冷。沈括一番思索后明白了，花的盛开和气温有很大的关系，山上的气温比较低，桃花自然就开得晚一些了。

正是凭借着这种爱思考的习惯，并且去实地求证，沈括才成为了著名的科学家，写出了《梦溪笔谈》一书，这本书对后世产生的影响也非常大。

但是对现代人来说，培养思考的习惯变得越来越难了。现在每个人都有手机，遇到什么不明白的事情，用手机一搜索就知道答案了，慢慢地就懒得思考了。加上工作压力大，很多人觉得思考太浪费脑细胞，干脆别人说什么就是什么了，社会上出现什么热点事件，不求证真伪就跟着大众评论走，人云亦云，没有自己的主见。这也是为什么网络里会出现"键盘侠"，因为他们发表的言论不经过思考，只看事情的表象，没有对事情的判断能力，才导致网络暴力频频发生。

学而不思则迷，人云亦云则乱

思考是有力量的，它能让浮躁的心安静下来，让人们重新审视自己的内心，对事情做出正确的判断，对生命和自然充满敬畏和真诚。凡人要想修得佛法，就要真诚恭敬，对佛法的道理钻研通透，不想其他杂乱的事情，边行持边思考，这样才能够激发人的潜能，领悟佛法的奥妙，得到取之不尽的精神财富。

对我们来说，思考是生活中必不可少的一剂良药。勤于思考能够在浮躁的社会中找到纯粹的信仰，明白事情发生发展的因果，人也就变得透彻清明了，不会为小事烦恼，不会被过多的欲望操控，才会激发更大的能力，生活也会更惬意洒脱。

信心坚定疗效好，访惶焦虑病难愈

我认识一个人，热爱佛学，每天都会读上几段经文，整个人都很洒脱，身体也很硬朗，可是他前几年被诊断出患了胃癌，大家知道这个消息后都很震惊。虽然现在医学技术发达了，可是说起来癌症，大家还是比较害怕的。

可是这个老朋友心态就很好，他跟我说："人吃五谷杂粮，哪有不生病的嘛？生病了就治！"

后来他就入院治疗了，经历了一个漫长的过程。期间，他还经常来找我，问我当年怎么把自己的癌症治好的。现在，已经过去七八年了，他整个人还是很精神，经常跟我一起练八段锦、五禽戏。

　　积极的情绪在疾病康复过程中起到的作用是难以估量的。病人在治疗过程中树立起战胜疾病的信念，能够提高自身的抵抗力，还可以激发对健康的渴望，这在治疗中是很关键的。

　　病人去医院看病，如果患的是比较严重的病，医生往往会告诉病人家属，并不直接告诉病人，就是怕病人知道真实病情以后心理压力大，对生命不再有积极的渴望，对治疗和康复都会产生不好的影响。但有的病人拥有强大的心理素质，在知道自己的真实病情以后，也能摆正态度，配合医生的治疗，积极求生，不会轻易放弃，即便病情比较严重，也往往会有较好的治疗效果，**这种积极豁达的心态就是大家经常说的"心药"。**

　　而有的人在生病之后，明明医生可以治愈的，病人却总是担心自己命不久矣，每天都生活在焦虑之中，也不配合医生的治疗，这种情况下就很难康复，因为他心态不够积极，"心药"就不足，就没有足够的力量去和疾病斗争。

　　在工作和生活中，也是同样的道理。不管做什么事情，都要有坚定的信念，相信自己能做好，能克服一切困难，这样就能激发强大的生命潜力，早日达成目标，实现美好的愿望。

疾病万千种，静心是良药

　　皇帝一早起来，对皇后说："我昨夜做了个梦，梦见山倒了，水都干了，花草都枯萎了，真是奇怪得很呐！"

皇后听了之后，大惊失色，说："哎呀皇上，怕是有大事要发生啊，山倒了说明咱的江山要保不住了，水干了说明丢了民心，花草枯萎说明好日子到头了！"

皇上听了之后，很是不悦。贵妃知道这个消息以后，就去安慰皇上，说："皇上，咱们换个角度看看，山倒了说明天下一片太平，水干了是龙要现身带来福气了，花草会枯萎是因为季节更替，果实要成熟了！"

皇上听了贵妃的话喜笑颜开，从此对贵妃也是刮目相看，有什么事情都愿意找她商量。

有和皇上亲近的大臣问皇上："皇上，皇后根基强大，不知道为何您却那么重视贵妃的看法？"

皇上哈哈大笑，说："因为贵妃有一颗积极的心，积极的心治百病啊！"

同样一件事情，从不同的角度看，就能得到不同的结论，积极的人看到阳光和明月，消极的人却只看到阴影，把自己桎梏在烦恼里不愿意出来，其实就是心有羁绊，没有一颗清净之心。

有的人平时忙忙碌碌，忙着赚钱养家，忙着买更大的房子，开更好的车子，没有心思去顾及自己的内心，直到疾病缠身才后悔莫及。当躺在医院里哪里也去不了的时候，人反而会放下平日里的牵绊，认清自己的内心，心静下来了，烦恼自然就少了。

我认识一个朋友，就是在生病去过医院以后突然大彻大悟的，当我再次见到他时，他说话平心静气的，我好奇地问为什么，他轻松地笑着说："现代人得病，大都是心病，心不静，**想要的太多，再好的医院也治不好，只有心静才是良药！**"

一颗平静的心，能让人看淡世俗的欲望，专注于眼前的幸福，不执着于外界的欲望，才能消旧业，为自己积累福报。佛并不能让人们万事如意，**人之所以念佛，就是为了获得一颗安宁的心，逆境不馁，顺境不骄。**

佛家修行就是在修心，看破红尘琐事，放下一切执念和欲望，心就会透彻安静，不管何时何地，都能宁静祥和，在面对生活里的苦难时，才能用一颗平常心去对待。外界的风雨我们无法掌控，却可以修炼一颗平静的心，不管是狂风骤雨还是风和日丽——此心如常。

衣污当洗涤，心污须忏悔

波斯有个国王，他的女儿们个个美若天仙，除了一个叫赖提的公主，她的相貌出奇的丑陋，看到她的人都会被惊吓。于是国王就把她锁在宫里，不让她出门见人。

很快，赖提公主也到了结婚的年纪。国王为此大费脑筋——嫁给邻国的王子吧，人家肯定不接受，嫁给平民百姓吧，国王又觉得面子上挂不住。后来，有大臣给国王建议，把公主许配给一个大户人家的公子，因为这户大户人家家道中落，生活困苦，应该不会拒绝的。

后来公主便结婚了，但是国王下令，不能让公主出门，仍然要在宫里待着。大户人家的公子成了国王的乘龙快婿，有很多人开始攀附驸马爷，但是每次聚会都是驸马爷一个人出席，风言风语就流传开来，很多人都说："这公主要么是美貌如花，要么就是丑陋不堪！否则怎么会总也不出来见人呢？"

这些话也传到了驸马爷的耳朵里，他为此闷闷不乐，公主看到后也特别难过，说："一定是我上辈子做了恶事，才会这么丑陋，引得你被别人笑话！"

于是，赖提公主就在宫里念佛诵经，每日忏悔，检讨自己做得不好的地方，恳请佛陀护佑，原谅自己以往的罪过。

赖提的诚心忏悔消弭了以往的罪过，佛陀就出现在赖提的面前，让赖提的容貌变得端庄大方，仿佛变了一个人。

佛说："你的诚心忏悔消除了罪业，心灵干净，容貌也会变得美丽！"

每个人都会犯错，从出生到成人皆如此，例如小时候贪玩没完成作业，偷偷拿家里的钱去买糖果，长大了顶撞父母，坐地铁没有给老年人让座……

错事不分大小，关键在于犯错后看到自己的缺点，反思自己的行为，不再重犯。这个过程既是自我约束的过程，也是进步的过程。我们忏悔、改正错误，可能也不会像波斯公主那样发生容貌的巨大变化，但是进步却一点一点种植在心里，心就祥和安稳，人也会散发着慈爱的光芒。

忏悔就是让我们怀着一颗诚恳修行的心，直面自己的内心和错误，对每天的错误都反思和总结，不再走同样的错路。**相由心生，心境好了，容貌也会像花朵一样美丽。**一个经常忏悔的人，会从自己身上找原因，而不是抱怨其他人，当坏情绪被消解掉，就会产生积极的力量，引人向善。

佛家说，一个罪人开始悔改，天使也会为其欢呼的。每个人心里都住着一个魔鬼和一个天使，任由错误发展下去而不改正，就会滑向堕落的深渊。修行之人为了消弭罪孽，就每日三省，宽和待人，不乱发脾气，不埋怨，不伤害小动物。当一个人开始忏悔，也就开始了自我约束，就有了向善的力量。

衣服脏了，我们都知道要拿去洗洗，晾干了再穿，心灵的污渍则需要用每天的忏悔来清除，**只有日日反省，天天忏悔，才能做一个清清白白，拥有正能量的人。**

心清慧自明，久坐自有禅

现代人的烦恼多，每天遇到很多事情，所以人心不定，很多人就问："佛祖经常说开悟，究竟什么才是开悟呢？"

我经常告诉他们，打坐就是打开开悟之门的钥匙。只有打坐参禅，才能获取人生的大智慧。打坐会让人心静如水，抛开外界的烦恼，与自己的内心达到天人合一之境。

打坐需要注意姿势，选择合适的场所，不要在空调下和风口处。在打坐之前要进行适当的热身运动，穿着宽松舒适的衣服。打坐开始时，端正坐着，直腰抬头，不可左摇右晃，把左脚放在右腿上，再把右脚抬起放在左腿上，这就是标准的打坐姿势，能够尽快入定，这种坐姿也被称为"莲华坐"，这种坐姿能够生出功德，消灭业障。

刚开始打坐时，学会基本的坐姿后，就要控制自己的杂念和妄想，**眼观鼻，鼻观口，口观心**，保持呼吸均匀，这时候再参禅就会有更好的效果。

参禅要有恒心和毅力，不能三天打鱼两天晒网，今天遇到烦心事了就去打坐，想要获得快乐和轻松，明天心情好了就把打坐抛之脑后，这是万万不可以的。打坐要不怕苦累，每天都花时间去参禅，思索生命的真谛和人生的意义，每天问问自己什么是佛，集中精神，忘却烦恼，克制妄想，这样才能找到参禅的意义，达到更高的成就。

在参禅打坐中，如果一心想着什么时候成佛，什么时候能获得大智慧，反而很难修行成功。佛家说，**久坐自有禅**。在打坐中，一心一意，聚精会神地专注自己的内心，时间长了，心灵会越来越安静清明，自然能得到修行的答案。

打坐参禅也不是单纯地坐着，有的人把打坐看作儿戏，坐下就开始打瞌睡，这样是达不到修行目的的，之所以要打坐，是为了摒弃杂念，拒绝外界的诱惑，使身心达到安静清明，拨开心灵上的灰尘，才能看到最透彻的本真。

心清慧自明，久坐自有禅

修行不需要行万里路去找圣僧开解，也不需要侃侃而谈和他人论道，修行其实就是在修自己的内心，专注于眼前和当下，不要这山望着那山高，好高骛远的修行只会让人停留在原地不动，并不能找到解决问题的法门。对发生的一切坦然接受，不受困于欲望和杂念，这才是修行的要义。

有科学家经过研究发现，打坐参禅能够保持人的心灵安静，还能增强大脑活力，更容易让人感受到快乐。总的来说，打坐参禅不仅仅是心灵的修行，对人的身体也大有裨益。培养正确的打坐方式，坚持每天打坐，不仅能让人克服自己的欲望，减少烦恼，还能增进身体健康，让人焕发出独特的气质，生命的新篇章也会就此打开。

多思生烦恼，忘我自安然

有个老太太性格开朗，每天脸上都挂着笑容，她生了两个女儿，女儿长大后就嫁人了，大女儿嫁了个卖雨伞的，二女儿嫁了个卖草帽的，过起了自己的小日子，生活也还算美满。

但是邻居经常看见老太太坐在家门口唉声叹气，就有热心人去问老太太："今天太阳那么好，你有啥烦心事呢？"

老太太看着天上的太阳，摇摇头说："你是不知道这大晴天的，大女婿的生意不好做，大女儿要受苦喽！"

后来遇上下雨天，邻居见到老太太就说："这下你不用担心啦，大女儿家的生意肯定可好啦！"

老太太还是愁眉不展，对邻居说："那二女儿家的草帽就没人买了啊，她的日子不好过了呦！"

邻居听了之后哈哈大笑，对老太太说："你这不是自己找烦恼吗？你想想晴天二女儿家的生意好，雨天大女儿家的生意好，不就开心了吗？"

老太太转念一想，一拍脑袋，恍然大悟地说："对啊，这些烦恼不都是我自己想出来的吗？"

后来，老太太的脸上又恢复了笑容。

多思生烦恼，忘我自安然

如今人们的生活越来越好了，衣食住行都比十年前好了很多，可是却有更多人觉得不快乐，张嘴就是"好烦啊"，经常有很多人来问我，提出各种各样的问题。

有的说："工作中不知道怎么讨好领导，会不会影响升职？"

有的问："父母和青春期的子女老是起冲突，我觉得好苦恼，师傅能不能指点迷津？"

还有的人说："老公有外遇了，我觉得生活一团乱麻，我是不是世界上最差劲的人？"

对这些问题，我都没有具体的答案，不能马上就让苦恼的人开心起来，但我总是会跟他们强调一句话："**很多苦恼都是想出来的，越想越多，其实还是自己的心在作怪！**"

生活丰富了，面对的选择也多了，人对外界的期待就会增加，一旦达不到理想的目标，就会产生苦恼。

有时候，熟悉的同事早上见面时没有打招呼，你也要想半天："还说关系好呢，连个早安都不说，以后我也不理你了！"你气呼呼地过了一上午，等到中午吃饭的时候才知道，人家只是忘了戴隐形眼镜，早上压根没看到你。可见，多想生烦恼，还影响了工作效率，真是划不来的事情！

人生在世，总是会遇到逆境，烦恼和轻松也是相对的，人不可能生活在真空的环境里，怎么看待生活中出现的问题，取决于个人的心态，心态好了，不管遇见什么事情都看到积极的一面，烦恼也会远离，阴霾散去，生活自会一片晴朗。

山重水复疑无路，柳暗花明又一村

因为我们生活在一个万事万物普遍联系着的世界，我们的日常生活，很多时候并不像数学中简单的加减乘除，很多事情换个角度，就会得到完全不一样的答案。看待事物，有时候换个角度，就会收获不一样的心境。决定你心态的，不是事物本身，而是你自己看待事物的角度。

当我们遭遇了某些挫折或者不幸，要学会开朗、乐观、坚强地面对。有些事情不要总放在心上，凡事都要看开一点，不必太在意得失。人要活在当下，珍惜自己拥有的一切。而一旦面对失去，还是要学会大度地放手。

因为某些东西失去了，不是你不珍惜，而是冥冥之中注定的。此时应该坦然面对失去，不要钻牛角尖，不必苦苦追问，把事情看开一点：**过眼云烟事，尽在笑谈中。**

一位朋友所在的公司因为经营管理不善，公司大裁员，把朋友也给辞退了。朋友的业务能力非常强，对公司里的事情都认认真真完成，平时是个工作狂，很少有休假。一时想不通，他就给我打电话说自己非常郁闷，想着自己在公司里那么优秀，平时工作还那么努力，本以为公司怎么也不可能把他给裁掉。

我听后在为朋友打抱不平的同时，又开导他说："平日里就你最忙，没有时间休息。你不是喜欢旅行嘛，有很多地方都想去，可是没有时间，刚好你可以有时间去做自己想做的事了。"

朋友就按照我的建议去旅行了，一个月后回来，刚好赶上了一家 500 强公司的面试，由于工作经验丰富，很快就以不错的报酬被录用了。而朋友原来所在的公司，靠裁员并没有结束噩梦，在两年后倒闭了。

通往真理的道路并非只有一条，当我们站在人生的十字路口时，不应当彷徨迷茫，而应该庆幸自己又多了一次选择的机会。须知，天无绝人之路，当你认为"山重水复疑无路"的时候，换个角度想想，可能就会"柳暗花明又一村"了。

菩萨是明白人，凡夫是糊涂人

经常有人看到我之后，问我一个问题："师傅，您是大专家，名中医，为什么偏偏走上了出家之路呢？"

我开始总是笑而不语，觉得这个答案需要自己开悟。到后来问的人多了，我就告诉他们："因为菩萨是个明白人啊！"

为什么这么说呢？因为很多人学佛，都是因为被外界困扰，想在佛学里找到答案，在刻苦修行之后，学佛之人会对世间万物的因果循环有宏观的认识，明白道理，成为一个有责任感、有觉悟的人。

我有一个朋友，他因为常年抽烟饮酒，后来得了严重的肺病，每天在医院接受治疗，心情很不好，觉得不能抽烟也不能喝酒，生活真是没意思。我就建议他学佛，他问我："学佛能够让我的身体好起来吗？"

我摇摇头，说："学佛不能治愈身体的疾病，但是能够弥补心灵的缺陷！"

他半信半疑地开始学佛，念佛，刻苦修行，渐渐地，对人的生

菩萨是明白人，凡夫是糊涂人

死有了超脱的认识；他不再沉迷于俗世的欲望里，很快就戒了烟酒，每天都诵习经文，对生命和苦乐有了更深的认识，精神状态也好了很多；他开始积极配合医生治疗，病情慢慢就稳定下来了。

芸芸众生，很少有人能成为佛，因为众生都有烦恼，有物质层面的欲望，所以就蒙蔽了探究佛学的智慧。有的人求佛，是为了找个好工作，有的是祈求买彩票能中大奖，有的则希望嫁个好人家。抱着这些目的去学佛都是不纯粹的，都是为了满足自己的私心和欲望，而欲无止境，只会徒增苦恼，令人看不清生命的本源，所以众生都是糊涂人。

佛学并不是宗教，佛学本身向人们传达的是对生命豁达的态度，**远离贪、嗔、痴，超越人世间的烦恼**。得到一分佛法，就收获一分智慧，心灵更加通达，更能看清事物的本质，不被假象蒙蔽双眼。此时看众生都是平等的，没有高低贵贱的分别，怀有一颗菩萨心肠，对人间疾苦能够感同身受，并且努力帮助他人，也就渐渐成为了"明白人"。所以才说，众生皆可成佛。

境随心转，方成圣贤

从前有一个村子里，大家生活得幸福美满。有一个人叫张三，很喜欢和大家开玩笑，逗得大家哈哈大笑。有一天，张三闲来无事，就对村子里的人说："我明天要把村西面的大山挪到东边去！"

　　村子里的人都不相信他，笑他吹牛，说："那可是一座大山啊，怎么能说挪就挪呢？"

　　第二天，张三来到村子东面，对着大山大声喊道："大山，你快点过来！"

　　大山纹丝不动。

　　张三又喊了几声，大山还是没有动静。村里的人都跑来围观，在旁边看热闹。

　　张三对着大山说："大山，你不过来那我过去了啊！"

　　于是他一股脑跑到了西面的大山上。村里人也都笑着离开了。

　　外在环境是死的，可是人心是活的，心态就是人生活的态度，人心不能跟着环境的变化而变化，否则会增加无数烦恼。故事里的"大山"每个人都遇到过，那就是我们遇到的困难和逆境，如果遇到一点困难就扰乱了心神，乱发脾气，心里只会生出浮躁，失去独立判断的能力。

　　弘一法师有一次到一个寺庙，结果庙里的僧人不认识他，就不让他进去，弘一法师没有和他们理论，像什么事都没有发生一样走开了。后来有一个认识法师的僧人赶紧通知了庙里的住持，住持赶紧安排大家撞钟欢迎。弘一法师也没有觉得特别骄傲，神情平静地进入寺庙。

　　由此可见，在佛法里有一定修行的人，在面对荣辱得失时，能够安住自己的内心，不因为外部环境的变化而变化。

有些人，别人表扬几句，就轻飘飘的，觉得世界都是自己的了，被批评几句，就勃然大怒，这就是"心随境转"。凡夫俗子就是因为心随境转，所以不能成佛。**生活里的烦恼都是因为心随境转**，在顺境中得意骄横，在逆境中怨天尤人，不会总结和反思自己，所以心中的负面情绪就像滚雪球一样，越来越大，成为沉重的负担。

佛家说：**相由心生，境由心转**。一个人的心态会影响他人对自己的看法，外在环境也会因为心态的变化而变化。看待同一件事情，从不同的角度出发，就有不同的结果。只要心态乐观，积极地看问题，逆境也会变成顺境，人生的轨迹也会往好的方向转变。**从外界获得的满足和愉悦，从根本上来说，都是昙花一现**，只有通过修行自己的内心，做到境随心转，才能不管在顺境还是在逆境，都能获得真正的快乐。**内心的力量强大了，就能够超越世事无常**，用慈悲和感恩的心态去待人接物，这也是圣贤之道。

锲而不舍，金石可镂

寺院的和尚每天要走好远的山路，去河边挑水，非常耽误平时做功课。一天，师傅就让一个徒弟去挖口井，于是徒弟在寺院附近找了块地，就挖了起来。

他连着挖了几个月也没挖出水来。于是他给师傅说："这里没水，我到其他地方挖。"师傅说："让我去看看。"于是师傅到他挖的地方看了一下，只见满地都是徒弟挖的深坑。

师傅指着一个最深的坑说："就在这里一直挖，我说好再停。"于是徒弟就一直挖，挖了很长时间，终于有水了。

徒弟很奇怪，就问师傅："为什么你知道哪有水呢？"师傅说："不是我知道，而是你没有在一处挖，没让力气在一处使，所以不能出水呀。"

由此可见，我们不论学习也好，修行也好，必须树立明确的目标，一门深入才能有所成就。如果你东跑西跑，东学西看的话，是不会有作为的。

古今中外凡成大事者都有明确的目标，李时珍树立了继承发展中药的明确目标，才写出了被誉为"中国十六世纪的百科全书"的《本草纲目》；司马迁要是没有明确的目标，又怎么能著成"史家之绝唱，无韵之离骚"的《史记》；竺可桢要是没有探索天气变化规律的明确目标，又怎么会一年年地坚持下来，成为著名的气象学家呢！

台湾著名作家罗兰曾说过："一个有目标的人和别人不同的地方，就在于他虽然在纷纭杂乱之中，仍不致迷失。他可以操纵自己，而不被别人操纵。"就像远航的轮船不会迷失，因为它时时刻刻都将灯塔作为自己的目标。爬山的人都知道，如果想要征服一座高山，必须树立攀上顶峰的明确目标。因为只有树立了目标，才会将其转化成最终坚持下去的毅力。

如果想坚持做一件事情的话，可以先从小做起。**我们树立一个远大目标的同时，可以把这个大目标转化成一个个小目标，这样会**

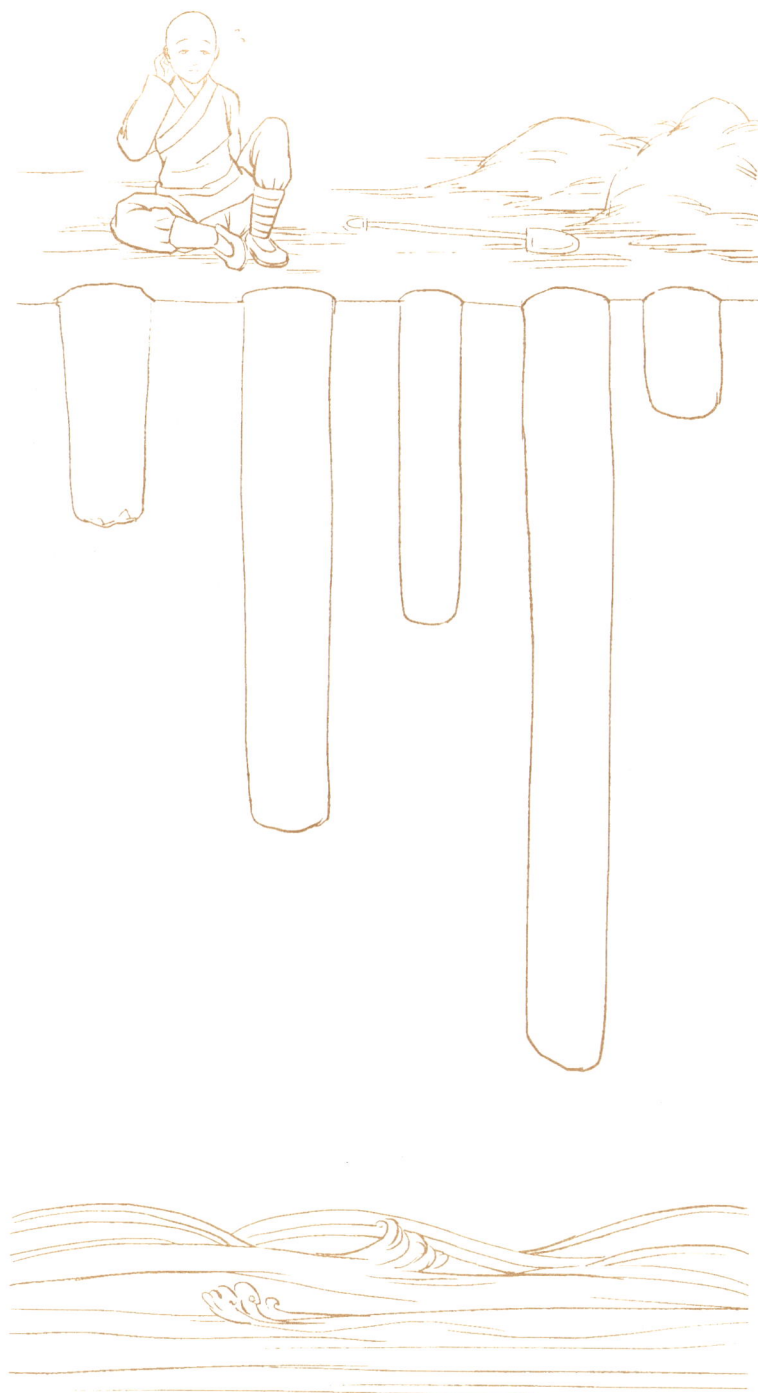

锲而不舍，金石可镂

激发出更强的动力，让自己不至于在前往目标的过程中泄气。比如说一个人想看完一本书，害怕自己坚持不下来，就可以制定一个计划。今天看几页，明天看几页，日积月累，水滴石穿，必能看完。

大家都知道，马拉松比赛是意志和耐力的较量。而日本的马拉松运动员山田本一却认为是靠智慧取胜，每次比赛之前，他都先乘车把比赛线路仔细看一遍，并把沿途醒目的标志画下来，作为自己马拉松比赛时的小目标，这样一直画到赛程的终点。比赛开始后，他就以百米冲刺的速度奋力向第一个目标冲去，到达第一个目标后，调整一下节奏，再以同样的速度冲向第二个目标，就这样不知不觉就跑完了马拉松的全程。

我们的人生就像一场马拉松，要想达到终点，必须有明确的目标，脚踏实地向着目标前行，才能达到胜利的终点。

以谎圆谎，错上加错

有一只猫，它总把自己吹嘘得了不起，对于自己的过失，却百般掩饰。

它捕捉老鼠时，不小心被老鼠逃掉了，就说："我看老鼠太瘦，只好放走它，等以后养肥了再说。"

它到河边捉鱼，被鲤鱼的尾巴劈脸打了一下，却装出笑容："我不是想捉它——捉它还不容易？我就是要利用它的尾巴来洗洗脸。刚才到阁楼上去玩，把我的脸搞得多脏啊！"

一次，它掉进泥坑里，浑身糊满了污泥，看到同伴们惊异的眼光，它解释道："身上跳蚤多，用这办法治它们，最灵验不过！"

后来，它掉进河里。同伴们打算救它，它说："你们以为我遇到危险了吗？不，我在游泳……"话没说完，沉没了。

"走吧！"同伴们说，"现在，它大概又在表演潜水了。"

这只猫很快便淹死了。

佛教讲求因果报应。一个人如果能够及时改正自己的错误，那便是积下了一份德。如果一错再错而不知悔改，一定会受到报应。古语有云："**知错能改，善莫大焉**"。犯了错误并不可怕，可怕的是不能够及时改正自己的错误。

人和人的差别，很大程度上体现在如何对待自己的错误上。有些人，犯了错误之后，只会一味找理由来掩盖。像毒奶粉、华南虎事件，就是不能及时认识到自身的错误，最终引来社会越来越多的关注，导致企业、个人身败名裂。

那些真正豁达、自信的人，发现错误之后，往往会主动承担，并不断改正自己的错误，往往成为一段佳话。

孔圣人一次在海边遭遇大雨，不觉诗兴大发，吟成一联：风吹海水千层浪，雨打沙滩万点坑。旁边的渔夫认为不妥，便说："先生，你说得不对呀！难道海浪只有千层，沙坑正好万点？先生你数过吗？你那两句应当改成'风吹海水层层浪，雨打沙滩点点坑'才合乎情理。"孔子听了觉得很有道理，便及时采纳了渔夫的建议。

人非圣贤，孰能无过。更何况圣贤，也有"**智者千虑，必有一失**"。人生难免会犯错误，唯有及时改正错误，才能不断进步，成就一番事业。

上天为何只对你不公

上天为什么单独对你一个人不公？其实不是这样的。上天给富人降雨，也给穷人降雨。上天给富人日照，也给穷人日照。不论贵贱贫富，上天对每个人的眷顾都是均等的。

一个出生在贫民窟的小男孩，家里仅靠母亲给人打零工勉强度日。小男孩的一双鞋总是缝缝补补，还总有三个脚趾头露在外面。因为这使他在朋友面前非常自卑，心里总是想着，为什么上帝不眷顾一下自己，让自己有一双鞋子。

一次，在一个公园，他看到一个小男孩坐在公园的椅子上，身上穿得干干净净，脚上穿着一双新鞋。他就在心中想着，为什么自己不是这个小男孩，要是自己像这个小男孩那样就好了，总是有新鞋穿。

他就在心中这样想着，突然，他和椅子上的小男孩互换了命运，他终于穿上了干干净净的衣服，有了一双新鞋。当他准备跑回去把这个消息告诉自己的母亲时，却发现自己的双腿动不了，原来椅子上的小男孩是一个残疾人。然而，最初坐在椅子上的小男孩，却穿着一双破鞋在公园中愉快地跑了起来。

其实，上天对每个人都是公平的。上天会在关上一扇门的同时，为你打开一扇窗。著名音乐家贝多芬听力丧失，上帝却给了他音乐的天赋，让他奏出了命运交响曲；海伦·凯勒双目失明，却获得了活跃的思想，写出了《假如给我三天光明》等经典著作；上帝让霍金患上了肌萎缩病，限制了他肉体的活动，却让他的思想在宇宙中飞驰。

我还看过一本叫《命运之上》的书，作者是刘大铭。他患了成骨不全症，从小坐在轮椅上。当时看这本书的时候，感动得稀里哗啦。上天对他公平吗？可是他从没有怨恨上天，反而以更积极的心态面对自己的命运。他19岁上高三的时候写了这本书，最后还考上了曼彻斯特大学。

泰戈尔有句诗，"世界以痛吻我，要我回报以歌"。刘大铭做到了"回报以歌"。上天可能会给你很多磨难，但不经历风雨，怎能见彩虹？蛹不经历折磨，又怎么蜕变成蝴蝶？

泰戈尔也说："只有经过地狱般的磨炼，才能创造出天堂的力量。只有流过血的手指，才能弹出世间的绝唱。"

痛苦不是财富，对痛苦的思考才是财富。上天给你苦难，是希望你从苦难中崛起，获得更强的力量。所以不要再埋怨上天为什么只对你一个人不公。

第五篇

处世有奥妙，只在一念间

独木不成林，三人才是众

有个女孩儿，长得挺好看的，就是性格有点内向，上班之后因为不会处理同事间的关系苦恼不已，觉得同事们都有意无意孤立她了，每次她一出现，正聊得热闹的同事就立马转移了话题。

她来找我诉苦的时候特别严肃地跟我说："女同事中午吃饭老说小八卦，我不感兴趣，都不想跟她们一起吃饭了！"

我说："一个人吃饭、上班不是挺孤独的吗？"

她也点头道："我也觉得不开心，做什么都是独来独往的，别人觉得我怪怪的，虽然不用聊八卦了，但我总觉得生活中少了点什么！"

我笑笑说道："毕竟人都是社会性动物嘛，都需要跟人产生联系，才能找到自己的存在感和价值，放轻松点，跟同事和朋友要'求同存异'，这样慢慢就会开心起来的！"

她思考了半天，点点头说："好，我试试！"

没过两天，她见到我就开心了许多，说原来同事也挺可爱的，她有什么不懂的去问同事，同事也热心帮忙，领导早上还夸奖她了呢！

人自从出生在世界上，就有父母兄弟，亲朋好友，随着年龄的增长，上学上班，还会拥有很多朋友，所以说，人是处在复杂的社会关系网之中的。当然，即便是同一棵树，树叶的纹理也有着很大

独木不成林，三人才是众

的区别，更何况是人呢？

每个人的成长环境和教育背景等不同，其世界观和待人接物的方式也会有很大的区别，但我们不能因为价值观与他人不和，就拒绝和他人交流，这样也就失去了进步的机会。

在社会这个大关系网中，每个人都要积极主动地和其他人交往，才能学到别人身上的闪光点，克服自身的局限性，慢慢得到社会的肯定和认可，从而变得更加优秀。

我国源远流长的易学就隐藏着这样一种生活的大智慧。易学的主要研究对象就是阴阳，太极为什么又叫太虚呢，因为太极是没有极的。

《易经》里说：**太极生两仪，两仪生四象，四象生八卦**。延伸开来，万事万物都有着千丝万缕的联系，断绝联系，只会让人失去归属感，找不到自己存在的价值和前进的方向，再也难以进步。

攀比若无度，烦恼必无穷

飞速发展的社会，处处都在变化。我们身处变化之中，都想着能够通过努力来满足自己的欲望，改变所处的境遇。人们的欲望可以分为生、色、名、利等，适度的欲望是合理的，例如求生。就连佛祖也说过，如果连修成佛的欲望都没有了，又怎么能够修成佛呢？

但欲望多了，人们难免就会变得浮躁，攀比之风就会越演越烈。金钱、家庭、事业、孩子、饰品等，都会被拿来攀比。

其实，攀比是一种不平衡的心理模式。爱攀比的人当看到别人比自己强，心中就会有很大的落差感；当与别人的短处相比，又沾沾自喜，但过不了多久，又会陷入具有极大落差感的怪圈里。

所以，爱攀比的人只会气着自己，越比越难受。

有的人为了比周围的人有更多的金钱，就不要命地工作，甚至不惜走上违法犯罪的道路；有的人想让自己事业有成，官职比别人大一级，就不择手段；有的人为了买最新的苹果手机，不惜卖肾，裸贷，只想在朋友面前看起来有面子。

人们往往是前半生拿健康换钱，后半生拿钱换健康。跟别人攀比钱财的，毁了身体，最后也落不下钱财；想让官职比别人更大的，殊不知升了一级，还有人比他更大；买苹果手机的挣得了面子，却空虚了身体和心灵。这些人，永远都不会有真正的幸福。

我有一次应邀到西藏去拜佛，也学习一下藏传佛教。到了那里，我真是佩服得五体投地。原来，藏族人民的家庭都是挣钱够家里用就可以了，一般家里都不存钱。他们把多余的钱都捐到寺院里。但是，当出现泥石流、干旱等自然灾害的时候，或者说谁家遇到困难的时候，寺院就会把钱毫不犹豫地拿出来帮助有困难的人，这是多么理想的信仰啊。

华丽的服饰能装点我们的外表，却不能装点一个人的内心；昂贵的食物能满足我们的味蕾，却不能给我们带来幸福。只有看破了红尘，才能成得道的高僧；**只有摒弃了攀比，才能获得幸福。**

胸怀天下，方可纵横四海

在我们的生活中，不免会遇到一些小人，但是否要和小人计较，那就要看我们个人的品德与修养的层次了。遭到小人陷害的时候，我们既没有必要因此而愤怒，也没有必要因此而感到沮丧，因为只有经历过这些侵袭，你才能磨炼出一个强壮的自己，说不定日后你还会感谢他们呢！

我年轻的时候看过一部非常有名的小说，叫《白鹿原》。其中塑造了白嘉轩和鹿子霖两个主要人物。白嘉轩为人重情守义，于公于私都能够做到刚正不阿。白嘉轩当上族长后，每一次族里的重大议事，鹿子霖都与他唱反调，馊主意格外多，无论是争种罂粟、为军阀征粮、私分公粮，还是要为田小娥修庙、不还土匪粮、提议罢免族长等等，都是他背后怂恿。

可以说，如果没有小人鹿子霖坚持不懈地给白嘉轩挖坑，使绊子，白嘉轩的一生，会少遭很多罪，顺畅很多。可是白嘉轩却时刻不忘父亲临终前给自己说的那句话："白鹿白鹿，白不离鹿。"所以，每当鹿家落难时，他总是出手相救。当两人因故被捕入狱时，白嘉轩让鹿子霖揭发自己，好保全鹿子霖。后来，鹿子霖因为儿子鹿兆鹏是共产党而被捕入狱后，白嘉轩也是全力营救。被关三年大牢后，鹿子霖出得牢门，站在门口迎接他的，除了老婆，就是白嘉轩。

白嘉轩也正是因为这份度量，才让全村子的人都心服口服。

由此可见，在日常的生活中，我们应该学会忽略掉一些东西，比如仇恨、烦恼、嫉妒、伤害……只有忽略了这些，我们的心里才能装下更多的快乐，才能变得更加坚强。

其实，只要我们换个角度想一想，就不难明白，那些曾经伤害我们的小人，实际上正是我们人生中的"逆境菩萨"，正是因为他们的伤害，才会激发出我们奋发向上的勇气和能量。

释迦牟尼在山中修行时，国王到山林中狩猎，问他哪里有猎物。释迦牟尼很为难，因为如果他说谎会遭到报应，如果他实话实说，国王就会杀了猎物。所以，他只好一句话都不说，国王便把他的两只胳膊给砍掉了。遭此灾难，释迦牟尼却并没有发怒，而是说："等我成佛后，一定要先将此人超度，不让他再做坏事。"

能够真正成为佛的人，必定有比常人更加宽广的胸怀。能够获得幸福的人，都是那些不斤斤计较的人。**世界上最深的是海洋，比海洋更大的是天空，比天空更广的是人的胸怀**。只有拥有一个宽广的胸怀，才能够获得更好的人际关系，在人生的道路上取得更大的成就。

便宜是祸，吃亏是福

《淮南子》里有个故事：

边塞上有一个老头，大家都叫他塞翁。有一天，塞翁心爱的一匹马跑丢了，大家以为他会很难过，就纷纷跑来安慰他，没想到塞翁却并不着急，说："我心爱的马虽然跑丢了，说不定也是一件好事呢？"

几个月过去了，让大家没想到的是，塞翁丢失的那匹马竟然回来了，还带回来一匹好马。

这件事在村子里一下子就传开了，大家都来祝贺塞翁，说塞翁果然猜对了，马不仅回来了，还带回来一匹马，塞翁可是赚了大便宜呢！可是塞翁只是淡淡地说："这也未必就是一件好事呀！"

塞翁的独生儿子很喜欢那匹好马，就骑着玩儿，结果因为那匹好马不熟悉新主人，就活蹦乱跳的，把塞翁的儿子摔下了马，腿还给摔断了。

邻居都觉得遗憾，觉得一个年纪轻轻的人，就摔断了腿，塞翁一定亏大了。可是塞翁也并不着急，他依然淡淡地说："这也可能是好事呢！"

后来边境发生了战争，国家征集年轻人上前线打仗，塞翁的儿子因为腿摔断了，不能上前线，保全了性命。而很多上前线的年轻人，则伤亡惨重。

这个故事告诉我们，**不要怕吃亏，能吃亏也是一种福气。**现代很多人都忙着争取自己的权益，钱要多挣点，功劳要多分给自己一点，有时候甚至为一点鸡毛蒜皮的小事斤斤计较，就是怕自己吃亏。慢慢地，为了不吃亏，有的人甚至会想尽办法钻空子，长此以往，人人都想占点便宜，那么世界就乱套了，因为没有秩序可言了。

老话常说，吃亏是福。为了不让自己吃亏，人往往会为自己的利益伤害别人，不知不觉间就失去了很多机会。如果大家都不断为别人付出，不断给予，为他人提供方便，为社会奉献出自己的能量，社会也会更有人情味。这才是真正的**"我为人人，人人为我"**。

只有当大家都认识到"吃亏是福"，我们周围的环境才会越来越好，人与人之间才能充满信任和关爱，整个社会越来越好，每个人也能得到丰厚的福报。

知错能改，善莫大焉

西晋时，有个人叫周处，父亲在他很小的时候就去世了，缺乏管教的他很是调皮，经常和人打架，让村里人又怒又怕，很是头疼。

当时，离村子不远的山里有一头猛虎，长桥下还有一条蛟龙，它们经常跑出来偷吃村民们养的鸡鸭，有时候还袭击村民。村民把周处与猛虎、蛟龙一起称为"三害"。

有一天，有村民提议："不如让周处去和猛虎、恶龙搏斗，如果能把这两害除了，他自己也被打伤了，就不会危害村里人了！"

大家都很赞同，见到周处就夸他勇猛厉害，说："如果你能把猛虎和恶龙杀死，就是大英雄了！"

于是周处第二天就带着弓箭上山了，他凭借着自己的力量和勇气把老虎射死以后，就去水里找蛟龙。蛟龙被周处刺伤后，就往下游跑，周处就追着蛟龙不放。

过了好几天，周处也没有回来，村里人都以为周处和蛟龙一起死了，就纷纷庆祝，说三害终于被除掉了！

可是第四天，周处就平安地回来了，原来他追着受伤的蛟龙跑，把蛟龙刺死以后才发现走了很远，等他回到村子看到大家正在庆祝他被除掉，心里感慨万千，才知道自己以前做了多少错事。

周处决定改正自己的过错，他找到陆云，表明自己想要改正的决心，陆云看到他态度诚恳，就告诉他说："知错能改，永远都不晚，只要信念坚定，肯定能有出息的！"

在陆云的指导下，周处用功读书，也热心帮助村里人，很快村里人见到他就都竖起了大拇指，周处也成为晋朝有名的大臣。

古人会犯错，只要改正之后就能受到尊敬，现代人也会犯错，

知错能改，善莫大焉

只要发现错误之后不逃避闪躲，用积极的心态去面对问题，对自己行为中错误的地方反思检讨，一定能让自己走上正确的轨道，做一个好人。

佛家说，在修行里不知错，不改错，就是在造业。唯有对自己犯下的错误产生忏悔之心，并且努力弥补，保证再也不犯，才能消除业障。人只要坚持每天反省自己，找到自身的不足，及时改正，慢慢地就会有所成，也会拥有一颗菩提心，只要有了菩提心，就能为众生解除疾苦，为自己积累福报，获取无量的功德。

不知不言，知亦慎言

有些禅宗的故事非常好，很有寓意，我在这里给大家讲讲"何时宋云丛林见，少林风雨杖西归"这句诗中关于宋云的故事。

古代的帝王将相身边往往有很多臣子，有的忠实于主人，有的则狡猾奸诈，而宋云则是最受梁武帝器重的忠臣。

相传当时达摩祖师漂洋过海来到中国之后，信奉佛教的梁武帝以宾客之礼迎接了他，但是达摩祖师是禅宗大乘派的拥护者，其主张面壁静坐以普度众生，所以梁武帝和达摩祖师就产生了较大的分歧，于是达摩祖师就告辞武帝来到了五乳峰。

五乳峰位于少室山下，达摩祖师每日在此静坐，梁武帝心中颇为不满，就暗自忖度："祖师来了却不愿为我做军师，是不是觉得我功德和诚意不够呢？"

于是梁武帝就派自己的心腹大臣去监督祖师的行为。有一天，达摩祖师正在入定，宋云又来了，祖师于是就写了一副对联，让大臣交给梁武帝。大臣自然不敢耽搁，赶忙拿回去交给梁武帝。

梁武帝打开对联一看，上面写着：午朝门，朝朝朝，朝朝朝散；长江水，长长长，长长长落。梁武帝顿时惊诧不已，祖师竟然对国家事务和自然变化都看得如此明白，一定是圣人了，一定要请他来做军师！

于是梁武帝就带领着一众大臣浩浩荡荡地前往达摩祖师所在地，但是到了少林寺才知道，达摩祖师已经圆寂了。梁武帝自是后悔不已，悲痛欲绝。这个时候，恰逢宋云出使西域未归，对达摩祖师圆寂一事一无所知。

在达摩祖师圆寂两年后，宋云在出使西域归来的路上，见到迎面走来的达摩祖师手持拐杖，拐杖上头挑着一只鞋，赤着脚，宋云急忙问道："师父这是要去往哪里呢？"达摩祖师答曰："我要去往西天，但是你到达京城以后不要说见到过我，否则会引来灾祸。"

话说宋云并没把达摩祖师的话放在心上，回到京城之后就向皇帝提及在归来的途中遇到了达摩祖师。孝静帝闻言勃然大怒，说："大家都知道达摩祖师在两年前就圆寂了，就埋葬在熊耳山上，你怎么能够犯下如此欺君之罪呢？"于是把宋云囚禁了起来。

直到孝静帝再次审理宋云一案时，宋云才有机会把实情和盘托出，孝静帝半信半疑。后来把达摩祖师的墓穴打开，才发现里面只有一只鞋子，孝静帝和群臣这才完全相信了宋云的话。

我们在生活中，经常遇到一些人爱乱说话，听风就是雨，看到芝麻能说成西瓜。其实，这样不经思考，口无遮拦，很容易招致无妄之灾。

覆水难收，话出难回，有时候，是祸是福，就取决于一句话，不可不慎啊！

行善不求福报，方有功德无量

诚拙禅师讲经讲得特别好，大家都很喜欢听，每次诚拙禅师在佛堂讲经，总能吸引很多人前来听讲。有人提议大家捐钱给禅师建一座宽敞的佛堂，很多人纷纷响应。

这群人中有一个富人，很大方，一下子捐了五十两黄金。禅师收下黄金之后，转身就去忙其他事情去了。富人就跟着禅师走，一边走一边提醒道："禅师，您的袋子里可装着五十两黄金呢！"

禅师并没有回头，淡淡地说："我知道！"

富人很纳闷，又接着说："我捐了五十两黄金，可是挺大一笔钱呢，您连句谢谢也不说吗？"

禅师走到佛像面前停下来，说："你捐钱是给佛祖，不是给我，你是在积累自己的功德啊，为什么要我说谢谢呢？"

看富人并不服气，还想说什么，禅师说："如果你认为布施就一定要得到回报，那我就对你说一声谢谢，可是佛祖也就跟你两不相欠了！"

富人听了禅师的话，惭愧地鞠了一躬，走了。

念佛之人经常会去化缘，很多人布施了之后，就想让佛祖保佑自己，求一点回报，其实**求回报之心也是贪心，反而会折损自己的福报。**

佛之所以会被众生敬仰，就是因为他一心普度众生，为众生排解苦难，却不求什么回报。正因为佛的一切付出都是无条件的，所以才能获得众生长久的尊重和怀念。**也只有不求结果的付出，才是真正的积累功德，才能为自己带来深厚的福报。**

对家人和朋友也是一样。妻子在家里做了美味的饭菜，打扫了卫生，自己觉得特别有成就感，想让家人回来夸夸自己。结果丈夫、孩子一进门，什么都没有发现，像往常一样直接去吃饭了。妻子就会有小情绪了，觉得自己的劳动成果没被重视，免不了要拉个脸子，说几句难听话，家里的天气就晴转多云了。

妻子做家务本想得到表扬，但却让家里的气氛变差了，本来想要一些回报，却什么也没有得到，反而平添不少烦恼。

其实，只要我们对家人和朋友真心付出，不求回报，就不会有上面的烦恼。佛家说只要"发心"到了，即使他人没有注意到你的付出，你也不会因此增加烦恼，还为自己积累了功德。

很多人念经拜佛，念着念着就很疑惑，说："我那么虔诚地拜佛布施，佛祖怎么没有给我回报呢？"这就是带着私心的念佛，是不会修来福业的。我们信任佛，虔诚地修行，由此获得大智慧和大功德，能够乐观面对生活的困难，学会用真诚和感恩的心去生活，这才是拜佛带给我们的最大收获啊！

化缘结善缘，慧根种福田

鉴真和尚剃度之后，住持让他做了行脚僧，去山下化缘。因为化缘很辛苦，所以很多和尚都不愿意做。

有一天，鉴真和尚却睡到很晚也没有起来，住持没有见到鉴真去化缘，就纳闷地推开他的房门，发现他还在呼呼大睡。住持叫醒鉴真，问道："你怎么还不去化缘呢？"

鉴真打着哈欠说："住持，我每次下山化缘，施主给的香火钱都不多，有的还嘲讽我，根本不愿意给我开门，有时候一天下来都化不到多少斋饭！"

他指着自己的芒鞋说："并且我化缘要一直走路，把鞋子都磨破了，实在很辛苦，看来我是不可能成为高僧了！"

住持静静地听完鉴真的话，说："昨夜下了一场大雨，我们去庙前面的路上走走吧！"

　　鉴真嘟哝着："庙前面的路都是黄土，下了雨都是泥泞，怎么走啊？"他一边抱怨着，却还是跟着住持出了门。

　　住持边走边问鉴真："这条路，你昨天走过吗？"

　　鉴真回答："我每天都要走这条路下山去化缘！"

　　住持问："这路上可有你的脚印？"

　　鉴真肯定地说："这条路这么多人走，又这么硬，肯定找不到我的脚印了！"

化缘结善缘，慧根种福田

住持微微一笑，说："那今天，你能找到我们的脚印吗？"

鉴真看看泥泞的黄土路，说："当然能找到了！"

住持会心一笑，说："你看，在泥泞的路上才能留下脚印。人也一样，只有经历点风雨，一直往前走，才能有收获，才会对佛法有更深刻的体悟！"

鉴真听完住持的话，如醍醐灌顶，立马就下山化缘了，从此之后，他对每个人都耐心谦虚，就算有人态度恶劣，他也一一道谢，后来终于成为了受人尊敬的一代高僧。

僧人化缘，看起来化的是施主的斋饭和香火钱，但实际上是在给人积累福德，撒播智慧的种子。化缘就是为众生结下善缘，让每个人都手拉手互相帮助。有的人遇见僧人化缘，就不耐烦地赶走，甚至谩骂嘲讽，僧人如果信念不强，就会中途放弃，其实这就是修行不够。

化缘会遇到不同的人，佛法就是解除众生的烦恼，僧人通过化缘来了解众生百态，也有助于增长智慧，达到更高的境界，从而对世间种种行为产生包容心。

很多人在学佛之后，就想通了很多事，以前的烦恼也没有了，待人接物也隐藏着大智慧。

我们对大自然说"你好"，大自然回给我们响亮的回音；我们对别人微笑，别人也会回馈以友好。化缘同样如此，当我们带着一颗慈悲的心，凡事为别人考虑，周围人也会慢慢友善起来。**当我们用**

自己的善心和信念去感化他人，为他人种下福德的同时，也是在培养自己的福田。

一分耕耘，一分收获

每个人都有梦想，但是有梦想，就要积极主动地去行动，不然就会成为空想。生命有限，而学海无涯，机会总是眷顾有准备的人，我们会成为怎样的人，完全取决于我们的学习态度和行动决心，下文中的张三就是我们学习的榜样。

张三和李四同时受雇于一家店铺，拿同样的薪水。一段时间后，张三青云直上，李四却原地踏步。李四想不通，老板为何厚此薄彼？

老板于是说："李四，你现在到集市上去一下，看看今天早上有卖土豆的吗？"一会儿，李四回来汇报："只有一个农民拉了一车土豆在卖。"

"有多少？"老板又问。

李四没有问过，于是赶紧又跑到集上，然后回来告诉老板："一共 40 袋土豆。"

"价格呢？"

"您没有叫我打听价格。"李四委屈地申明。

老板又把张三叫来："张三，你现在到集市上去一下，看看今天早上有卖土豆的吗？"

张三也很快就从集市上回来了，他一口气向老板汇报说："今天集市上只有一个农民在卖土豆，一共40袋，价格是两毛五分钱一斤。我看了一下，这些土豆的质量不错，价格也便宜，于是顺便带回来一个让您看看。"

张三边说边从提包里拿出土豆，"我想这么便宜的土豆一定可以赚钱，根据我们以往的销量，40袋土豆在一个星期左右就可以全部卖掉。而且，咱们全部买下还可以再适当优惠。所以，我把那个农民也带来了，他现在正在外面等您回话呢……"

这个经典的职场故事，告诉我们**机会总是留给积极主动的人**。张三听到老板安排事情，他不是盲目去做，而是考虑老板让他做这件事是为了什么，为了完成这个目标，需要准备什么东西，需要问些什么。而李四呢，老板说一样就做一样，完全没有自己的想法，更不知道积极主动去获取信息，去帮老板解决问题，白白浪费了大量的时间，还未把问题解决，老板当然厚此薄彼啦。

佛语有云："所谓看开人生，绝不是悲观，而是积极乐观；不是看破，而是看透；并非什么都不做，而是及时去做。"生活中，我们要拥有一个积极主动的心，不断地提高自己，时时刻刻准备着充实自己。只有这样，当机会来到我们面前时，我们才能抓住它，才能取得成功。

在生活中，我们经常会犯拖延症，无论什么事总想拖一拖，直到事情临头才去干，弄得非常被动。时光有限，年华易逝，**今天能做的事，不要拖到明天。有一分耕耘，才会有一分收获。**

用闲心干忙事

从前有一个年轻人，干什么事都是个急性子，总想一蹴而就，立马把事情就办好。事情少了还好，事情一多，就慌慌张张，顾了东头，忘了西头。有一次，他看见别人娶妻生子，心里非常着急，也想早点成家。因为这件事，搞得吃不好，睡不好，急急忙忙，不可开交。

为了操办自己的婚事，他提前通知左邻右舍、亲戚朋友，准备好了酒菜宴席，还把房子重新粉刷了一遍，新房布置妥当。

到了娶妻那天，亲戚朋友们都陆续到场，一一入席，只等着新娘子到来开宴席。这时，有人问新郎："新娘子怎么还没来呢，让大家伙瞧瞧呀？"听这人一问，新郎立马慌了神。原来呀，他光忙着准备婚庆宴席，把接新娘子的事情给忘记了。

这个古代故事非常滑稽、夸张，在娶媳妇的当天，居然忘记了最根本的东西——接新娘子。可是细细一想，这不正是我们现代人吗？我们行色匆匆，却经常忘记最根本的东西，只知道机械工作，却不知道思考如何改进方法，掌控节奏，更忘记了用一颗闲心去干忙事。

现实生活中，我经常会听到一些年轻人抱怨，工作永远做不完，家务天天无休止，有好多电话要接，好多事情要做，没时间谈恋爱，没时间吃早餐，没时间常回家看看……每天只顾着忙碌，只顾着眼前的利益，只知道盲目向前，而不知停下来思考；忘记了人生的目标，忘记了最初的梦想，忘记了规划自己的生活。

可是转念一想，我们虽无法改变现实，但为何不试试改变自己，改变自己的心态，改变自己的想法，尝试着用一颗闲心去干工作和生活中的忙事。这时也许你就会发现，事情虽然多，虽然确实很忙，但是你的心态不一样了，你的烦恼、抱怨少了许多，效率变高了，出错也少了，心情也变得非常好，整个人都不一样了。

还记得有一天早晨我外出，正赶上上班的高峰，短短七八公里的路上，我就看到了3起车祸。虽然事故并不严重，但是原因是十分清楚的，就是因为着急上班赶点，才在匆忙中发生交通事故，结果欲速则不达，反而耽误了更多的时间，这些教训是十分深刻的。其实，许多事故都是在匆忙时发生的，人一着急就会乱了方寸，就在这慌乱的一瞬间，事故就发生了，即使再后悔也晚了。

佛家有云："**相由心生，相由心灭。事来而心现，事去而心空**"。所以，为人处世要有好的心态，无论有任何情况出现都要从容面对，坦然、淡然、安然、自然，用一颗闲心去面对生活中各种各样的繁忙之事。不要急着抢时间，做事之前好好思考，好好规划，凡事要做到心中有数，不紧不慢，恰到好处。

有些事情需要等一等

俗话说"欲速则不达"，可见，做事不是越快越好，要想干成一番事业，不能急功近利，必须学会等待。下面给大家分享一个小故事：

有一天，戒台寺来了一位商人找虚尘大师。他告诉大师："自己的顾客最近变得越来越少，在生意经营中屡屡碰壁，不知如何是好。"

通过交谈，大师得知这个商人做生意时，为了让自己的生意更好，就采用低价政策，来吸引顾客，但是这样一来，自己赚的钱就会少。所以他卖东西时，总是喜欢缺斤少两，有的甚至以次充好，这样一来二去，原来红红火火的生意，渐渐地人越来越少，有很多老顾客都不再去光顾他了。

虚尘大师告诉他，有些事情需要等一等，耐得住寂寞，要诚信经营，不要以次充好，缺斤短两，不要着急，坚持下去。

半年后，虚尘大师收到了这位商人的一大笔捐赠。商人告诉大师："我听了您的教诲后，发觉自己的顾客在逐渐增多，虽然每个人赚得少，但是来的人多，最后算起来赚得也不少，现在还开了好几个分店，每天都忙不过来。"

在这个故事中，商人初期采取的经营理念是正确的，但是没坚持下去，太急功近利，就开始出现一些不诚信的行为，以致生意越来越惨淡。后来，他听从教诲，吸取经验，坚持把自己的经营计划做下去，耐得住寂寞，才最终取得商业上的成功。

有这样一首诗："修百世方可同舟渡，修千世方能共枕眠。前生五百次的凝眸，可换今生一次的擦肩。"**世间美好的东西，哪一件不经过等待，不经过历练。**就像一棵苹果树，它接受了阳光、雨露、养料，春天开花，夏天结果，才能迎来秋天的成熟。在成熟的时候，有些苹果早已红透了，而有的依旧青青待熟。并非它们不会成熟，只是时间还没有到而已。

在生活中，有些事需要等一等，等待虽然难熬，但这是成功的一个过程。在有些情况下，我们要善于等待，学会等待，这时你会发现生活中的每一刻都很精彩。

第六篇

易求万两金，难得长开心

万事皆放下，方得大自在

佛家有句话说：无声色相俱成幻，有漏人天总悟非。这句话是什么意思呢？"五色"指的就是色、声、香、味、触，世间万物都是变幻莫测的，人生在世，不能因为这些外在的东西而扰乱心智。"有漏人天总悟非"则说的是每个人都要学会辨别是非，对真假有明确的判断，这样才能获取生活的大智慧。

很多人静下心来时会思索很多问题，例如：我们是从哪里来，要到哪里去呢？宇宙的起源是什么呢？怎样才能获得更好的生活和更高的地位呢？尤其是在现代社会，经济发展的速度快了，人们的想法和追求也更多了，但有时候过多的牵绊会给人带来折磨，所以现代人才有那么多的烦恼。

有句话说得好，"温饱问题解决前，只有一个烦恼，温饱问题解决后，便有了无数烦恼。"这也是为什么现代人更愿意从佛教中寻求精神慰藉，佛教中宣扬的"舍就是得""学会放下"等观念都能给迷茫烦躁的现代人带来指引。

曾经有一个年轻的女孩儿来找我，说她很矛盾，不知道怎么处理和父亲之间的关系。女孩儿的父亲不苟言笑，酗酒之后就打骂她，对她妈妈也是呼来喝去，导致她妈妈经常一个人委屈地哭。所以她

万事皆放下，方得大自在

和父亲的关系一直很糟糕。现在她长大了，父亲也老了，就有意修复和她的关系，却不知道怎么做。她心里也很矛盾，于是就问我，究竟该不该原谅她爸爸？

我反问她："你问问自己为什么会这么矛盾呢？"

她皱着的眉头有些舒展，说："毕竟是父亲，心里还是想原谅他，可是想起过去他的行为，就不知道怎么跟他相处了！"

我说："生活总是要继续下去的，放下过往的不愉快，才能得到内心的自在啊！"

她点点头，似有所悟。后来她又找过我一次，高兴地说她已经不再纠结过去，和父亲的关系缓和了不少，家庭环境也更和谐了。

世间很多事都是如此，人生路上就是边走边放下的过程。一个人从出生就在经历各种挑战，如果把所有负担都背负在身上，势必不堪重负。只有学会放下，才能化解烦恼，开阔心胸。所以说，放下也是生活中的大智慧。

鱼与熊掌不可兼得，事物表里未必如一

佛说人生有七苦：生、老、病、死、爱别离、怨憎会、求不得。这也是芸芸众生逃脱不了的生活苦恼。人生在世，总是在追求更好的东西，不管是物质层面还是精神层面，但是对外在物质的追求到达一定地步之后，总会有很多求之不得或者难以取舍的东西，这也是人们苦恼的来源。舍弃一些东西，也许从长远来看，是为了更好地收获其他东西。

佛家三昧指的就是平息杂念，使得心神宁静，集中注意力进行修行，以进入更高的境界。现代社会变得越来越浮躁了，每个人都

急匆匆往前走，时时面对着各种抉择，生活在各种焦虑中，所以能够给自己一方空间来静心思考，权衡取舍，自有其重要性。

我见过很多人在面临选择时手足无措，害怕失去可能的机会。有的人认为现在的工作过于稳定安逸，收入太低，但是面对新的就业机会时却又裹足不前，担心不能适应激烈的竞争。

例如，硕士研究生毕业时在面临读博还是工作这一问题上往往不知如何决定，心心念念着两个选择的好处，却又担心潜在的风险，即使做出了选择也不能安心，这些都给自己无端增加了烦恼。

其实，**这些烦恼都是因为人们被事物的表象所迷，搞不清自己最需要的是什么，又什么都想要，什么都舍不得，结果往往是平添烦恼、一无所得。**

一个年轻的和尚跟着佛陀云游四海，期间到一个富有的家庭借宿。这家人对他们并不友好，并且拒绝让他们在舒适的客房过夜，只是在冰冷的地下室给他们找了一个角落。当他们铺床时，佛陀发现墙上有一个小洞，就顺手把它修补好了。年轻的和尚问为什么，佛陀答道："有些事并不像它看上去那样。"

第二晚，两人又到了一个非常贫穷的农家借宿。主人夫妇俩对他们非常热情，把仅有的一点点食物拿出来款待客人，然后又让出自己的床铺给两人。第二天一早，两人发现农夫和他的妻子在哭泣，因为他们唯一的生活来源——一头奶牛死了。

年轻的和尚非常愤怒，他质问佛陀为什么会这样，第一个家庭什么都有但吝啬刻薄，可佛陀还帮助他们补修墙洞，第二个家庭尽管如此贫穷还是热情款待客人，而佛陀却没有阻止奶牛的死亡。

"有些事并不像它看上去那样。"佛陀答道，"当我们在地下室过夜时，我从墙洞看到墙里面的地上堆满了金块。因为主人被贪欲所迷，不愿意分享他的财富，所以我把墙洞填上了，让他永远不会发现这笔财宝。昨天晚上，死亡之神召唤农夫的妻子，我让奶牛代替了她。所以有些事并不像它看上去那样。"

佛说，舍就是得，这句话蕴涵着丰富的哲理，如果能够很好运用，能够为我们做选择提供最有益的指导。外界虽然风云变幻，但只要克制自己内心的欲望，保持清醒冷静的头脑，坚守内心的底线，就不会被事物的表象所迷，才能在面对选择时做出最正确的决策。

相由心生，无欲则善

经常有人问我："为什么我一进寺庙，就觉得很有亲切感呢？"

我回答说："因为佛既修行自己，也超度常人！"

他又问："为什么生活里接触到的人，有的看起来慈眉善目，有的则凶神恶煞，让人不敢接近呢？"

我说："因为凡人都有欲望，总是被自己的贪念和执着所困扰，内心的烦躁和不安会表现在面相上，毕竟相由心生嘛！"

他思索了一会儿，点点头说："看来人还是要克服自己的欲望，才能成佛啊！"

在早年间，有一大户人家。夫妻二人闲来无事，就打赌，夫说："世间人该有知足的。"妻说："我看没有这样的人。"于是夫就非要找一个看看。一转眼秋天到了，夫来到一桥上。就听有人唱：

有稀又有干，吃得冒热汗。

人要能知足，活过天上仙。

夫听罢乐了，这回我可找到知足的人了。于是把此人领回家里，告诉家人，就叫他知足。从此知足衣食不愁，又有住地，可他闲不住，每天家里脏累活都是他干。转眼一年过去了，知足无欲无求。

夫这时才对妻说："如何？你看知足是不是知足的人啊？"

妻道："我看不一定吧。我们再看。"

冬去春来，妻让丫头给知足送去银两。知足没要，妻就想：世人有酒、色、财、气四大欲望，我就不信一样他都不爱。

这下子妻可就下了功夫了，在家里的丫头里选了一位叫蜡梅的。这丫头可不一般，模样美，身材好，又善解人意。妻对她是如此这般的教了一通。于是，每天蜡梅就时时不离知足身边。开始知足还真挺住了，不过有句老话，"英雄难过美人关"！况且知足就是一般人。

春去夏走秋来到，知足到底还是上了套。此时妻拉上夫去看看知足的作为。夫无言以对。第二天夫把知足叫来，让他去一趟江南，找一位亲戚，并且给他拿了足够几个月的路费，还说找不到不许回来。

知足到了江南，找遍了各个地方，就是没有那个亲戚。路费花光了，没法子，知足只好重抄旧业，开始要饭。又到了深秋天，知足来到一座破庙里避风雨，这时他想起那封信来，想到自己反正是个要饭的，也回不去了，就看看信里写的啥。于是他打开信来看，只见信中写着：

知足老爷戏蜡梅，忘记桥下那堆灰。

江南无有亲娘舅，送君千里永不回。

人呀，总有一定的欲望，这是正常的。但是，欲望不能过。过多的欲望使人变得贪婪，陷入欲望中无法自拔，只有学会满足才可以过着幸福的人生。

平时经常有人来找我解惑，有些是普通人，带着生活和工作中的小烦恼，一脸忧愁地来；有的是达官显贵来找我测前程，看能不能更上一层楼；也有放不下感情牵挂的痴男女来问姻缘。

虽然人人的苦恼不同，但是在他们的脸上看不到平静和安宁，只有茫然和对功名利禄的渴望，让人看到敬而远之。其实这就是因为人们被贪嗔痴蒙蔽了双眼，在面相上就表现出不易亲近的感觉。

但是真正的修行之人就不同，他们想的都是造福众生，不为自己谋私利，心中光明坦荡，精神焕发，所以看起来就充满了智慧和祥和。

人贵有赤子之心

有一天，小女孩儿和妈妈去春游，看见路边的花开得很漂亮，好奇地问妈妈："这些花我都摘下来带回家好吗？"

妈妈慈爱地笑着说："小花会想家的。"

小女孩儿恋恋不舍地盯着花看了一会儿，就走了。

后来，她们经过一条小溪，溪水清澈见底，还有小鱼在水里游，妈妈说："你去小溪里玩一会儿吧？"

小女孩儿摇摇头，说："我不想把溪水弄脏了！"

善良是孩子的天性，是未被世俗污染的美好品质。有一个朋友的孩子每次见到路边乞讨的人，总是要把零花钱拿出来给他们，朋友试图告诉孩子："有些人是真的困难，有些人则是骗子，不要每个人都给钱！"

不料孩子想了半天，说："可是我分不清楚啊，我给他们钱，是因为善良，跟他们也没有什么关系啊！"

朋友被孩子的话触动了，觉得是孩子给自己上了一课，也感慨地说："保持一颗孩子的心，多重要啊！"

人贵有赤子之心

　　小孩子有时候会因为玩具而争吵，可是转过身就忘记了，依然高高兴兴地一起玩儿，在小孩子的眼睛里，有清澈透明的单纯和天真。

　　成年之后，在社会上摸爬滚打，肩上的担子也越来越重，不再像孩子一样无忧无虑，也失去了一颗童真的心，变得圆滑世故，所以很多人都无奈地自嘲说："我竟然变成了自己最讨厌的样子！"其实就是因为饱受生活之苦，心和容貌一样变老了，变得冰冷，为眼前的利益放弃理想。

　　有人疑惑地说："我看寺庙里的佛像，都像个童子一样，没有见到满脸皱纹的佛像，他们是怎么做到的呢？"

佛曾说："在我看来，王侯之位就像尘埃，珠宝钱财就像砖瓦，平等观察世间法，来破众生的执着。"

佛正是因为无所求，胸怀普罗大众，一心要为其解除苦难，不再追求自身的享受，所以才有童子一般的容貌和心灵。

保持一颗孩子的心，并不是拒绝成长和成熟，待人接物随性而为，而是在**经历了生活的复杂和苦恼后，还有足够的天真和善良**，能够发现生活的乐趣，在残酷的现实里找到内心的温暖，并且化作一束光照亮别人，你会发现世界因此而明亮起来。

借用一句现在流行的话：少一点套路，多一点真诚。孩子对人都是真诚的，他们给予我们全部的信赖和爱，成年人却容易对别人心怀戒备，活得很辛苦。只有卸下世故的面具，找回一颗孩子的心，生活才会以温柔美好的面貌呈现，复杂的事情也会简单起来。

境由心生，命由心造

我认识一个朋友，在体检中被医生告知得了癌症，他一向开朗乐观，遇到什么不开心的事情都哈哈一笑，刚知道这个消息的时候，他特别沮丧，觉得上天给他开了一个大大的玩笑，就来找我倾诉，说："上天对我怎么这么不公平呢？"

我就告诉他："境由心生，世界上的事物都是客观的，人的主观意志并不能改变客观的事实，难过或者高兴都没有用，只有自己接受事实，积极去面对，才能使事情向好的方向发展。"

他点点头，思考了半天，说："我知道了。我以后也要好好修炼，练就一颗安静豁达的心。"

后来，他去医院积极接受治疗，每天都打坐参禅。化疗虽然很痛苦，但他告诉自己这都是为了让自己得到锻炼，所以都一一挺了过来。遇到医院的病友，他也经常主动和人交流，给他们讲自己的故事，告诉他们不要害怕，积极对抗病魔就能得到健康的体魄。

很快他的面色就恢复了红润，精气神也越来越足。他很兴奋地找到我，说："大师，您真是神了，我以为自己必死无疑了，没想到竟然越来越有精神了！"

我微微一笑，说："不是我神，这得感谢你自己拥有一颗好心态，好心态是有力量的，可以帮你战胜未知的苦难！"

世间万事万物的好坏，没有固定的衡量标准，都是自己的心在做参考，所以心态的好坏就显得至关重要了，积极的心态能够帮助我们克服困难，提高生活的质量，这也会影响我们此后的命运。

很多人遇到事情，第一反应都是着急得如热锅上的蚂蚁，不知道怎么办，有的干脆自暴自弃，说反正我也做不好，干脆就放弃吧。这样反而会把事情推向更糟糕的地步，只有保持积极的心态和清醒的头脑，遇到问题时才能冷静地思考和分析，并且找出最好的解决办法，这样才能保证事情的圆满解决，也能提高工作效率和生活质量。

每天早晨起床后，对镜子里的自己微笑说声："早安，加油！"

怀着好心情开始一天的工作和生活，效率大大提高，**正能量也会影响身边的人，把好心情传递出去，改变的不仅仅是心情，还有环境。**

境随心转，心态变化了，周遭的环境也会随之发生改变，艰难的事情会变得容易解决，健康乐观的心态能够使心灵保持足够的生命力，梦想的事情就都能实现，未来也会因此展开新的画卷。

欲明今日苦，当寻昨日因

有一只老鼠在一次觅食的过程中，一脚跌进了米缸中。缸中盛满了白花花的大米，意外让它喜不自禁。确定没有危险后，它便开始了在米缸里吃了睡，睡了吃，过上了无忧无虑的生活。

过了几天，老鼠想出去看看外面，这时大米还有很多，离缸口还很近，它只要轻轻一跃就可以出去，但老鼠又想出去又要挨饿，在这里过无忧无虑的生活多好，便放弃了出去的想法。这样的日子又过了一段，米缸很快就要见底了，可它终究还是摆脱不了大米的诱惑，继续留在缸里。

最后，米吃完了，它才发现现在离缸口已经很远了，并且自己现在胖得跟一头小猪似的，站立起来都困难，跳出去只是个梦想。一切都已无能为力了，老鼠最后只能活活饿死在空米缸中。

古语有云："**人无远虑，必有近忧。**"老鼠只顾在米缸中享乐，却忘了米缸也可能会变成自己的囚笼。昨日种下的恶果，现在只好搭上性命，被困在米缸之中，活活饿死。

老鼠追求一时的享乐，却忘记了居安思危，最终无法脱身，只能饿死缸中。这只老鼠不正是我们大多数人的写照吗？有的人年轻时为了赚钱，不知道爱惜自己的身体，到老了再拿钱来换健康。有的人平时不知道养生，大病来了才追悔莫及。

现在有一个名词叫拖延症。这种人越拖延，越不想做事情。抱着"明日复明日，明日何其多"的侥幸心理。殊不知，**一寸光阴一寸金，寸金难买寸光阴**。做事情非要拖到最后期限，只能捉襟见肘，窘态百出。

佛教认为生命轮回，现在所受的苦全是以前种下的。为此，我们要珍惜大好时光，好好努力。**虽然岁月不饶人，但要做到"我亦未曾饶过岁月"**。

要想今天不受苦，当须昨日莫种因。要想获得未来的幸福，必须从现在起多行好事，脚踏实地，居安思危。

田地荒芜长杂草，心灵荒芜生杂念

我曾经听过这样一个故事：

弟子们围坐在禅师周围，想要向师傅探讨人生的真谛。老禅师默默不答，许久对他的几个弟子说："在你们面前的这一片田地里长满了杂草，你们用什么办法可以把杂草清除呢？"

一个弟子回答："给我一把锄头，我就把它除干净了！"禅师听完笑而不语。

另一个弟子说："我把土地深挖，把杂草的根挖出来，杂草就不会再长出来了！"老禅师只是微笑地点点头。

还有一位弟子说："可以烧一把大火，就把它们消灭干净了！"

老禅师依旧微笑着对他的几个弟子说："你们都回去吧，用你们自己的方法去消灭田野里的杂草。一年后我们再在这里见面，看看你们的成绩。"

一年后他们又来到这里，只见原来长满杂草的田地上种满了绿油油的庄稼，这一年弟子们尝试了各种各样的方法，却怎么也不能清除干净杂草，"野火烧不尽，春风吹又生"，杂草一次又一次地生长出来，很让人苦恼。最后，只有在杂草地里种庄稼的方法取得了成功。

这位老禅师这时候给弟子们说："原来你们说的方法都无法使杂草消灭干净，只有在长满杂草的土地上种上庄稼，才能够彻底地消灭杂草。"学生们恍然大悟。

在物质生活越来越充裕的今天，我们也应该让自己的精神不再贫穷。酒色、欲望、名利、金钱这些东西就像荒草时时刻刻地侵蚀着我们的心灵，让我们的心灵荒芜，精神颓废。不让心灵荒芜，唯一的方法就是修养自己的美德。例如多读书增长自己的才华，多行好事积累自己的福德等。

这个世界上有许多非常美好的事情等待着我们去做，如果不把那些美色钱财所带来的欲望从心灵中剔除出去，那么美德就没有办法在心灵中占据一席之地。

曾经有个居士因为异常痛苦找到我，他说，自己的孩子 14 岁，迷恋上了电脑游戏，每天把自己关在卧室里。作为孩子的母亲和父亲，他们尝试了断电、断网等方法，但小男孩总是以死相逼，父母也只好屈服，任由小男孩没日没夜地玩游戏。最终，不知道什么原因，孩子猝死了。

生命的尽头是荒芜，生命的开始是美德。我们应该常常通过读书来修炼自己的美德。孔子一生博览群书，恭而行之，乃成为圣贤之人。很多好的书籍，你在反复研读之后，会领悟到更加深刻的道理。比如《般若波罗蜜多心经》，常常诵读，会让自己的心境平和。好的知识是渡河的船，会引领我们修行美德，让自己的心灵不再荒芜。

每日一点禅，浮生片刻闲

禅，是梵文"禅那"的略称，意译为"静虑""思维修""弃恶"等。广义的禅，并不单纯属于某一派别，而是一种基于"静"的行为，经过不断开发与完善，形成各种系统的修行方法。通过禅修，可以使人获得一种看透人生的态度，一种登高远望的大气，一种自得其乐的恬静。

反观现世的人们，整日辛苦奔波，来满足自己的种种物欲。诚然，物质可以丰富生活，却会让心灵枯萎；口腹之欲满足了，却往往闭锁了本来具足的智慧，丢失了最为宝贵的心灵自我。所以，我们需要通过修禅来摒弃内心的贪欲。

学一点禅，可学会自我解脱。

我们本能产生的贪欲会把自己带向罪恶的深渊，使社会混乱，人与人之间为了利益而相互欺诈，反目成仇，而禅学就是要教会我们放下。

放下杯子可以让自己的双手得到解脱，放下思想的包袱，可以让我们的心灵得到安宁。

禅让我们知道"**非淡泊无以明志，非宁静无以致远**"，要求我们

每日一点禅，浮生片刻闲

放得下名利，追求自我的解脱。因为只有解脱了自我，我们才能够做到淡泊名利、无欲无求，才能够活得开心。

学一点禅，可学会从不同的角度看待问题。

在禅的状态中思考问题时，并不是通过已有的知识来判断，因为禅不讲知识。因此，不受知识的约束，不会让你思考问题的思路僵化。在禅的状态中思考问题时，讲究合乎心境。

在禅师的心目中，花不一定是红的，柳不一定是绿的，他们认识世界时，不被事物表象所迷。每天学一点禅，能够让你从更高的角度去思考问题，让你打破已有的束缚，变得更加睿智。

学一点禅，可学会更好地感受自然。

禅自身就是"自然而然"，用慧眼来看，天地万物皆是禅机。未悟道前看山是山，看水是水；悟道后，看山还是山，看水还是水。但是山水的内容却不同了，悟道后的山水景物与我同在，和我一体，任我取用，物我合一，相入无碍，这种禅心是何等的超然。

但是今天的人们，却总是容易和大自然站在对立的一面，人类总是想征服自然，有时还会破坏自然，把自然生机摧残殆尽。禅教会你与大自然同在，更要求修禅的人与大自然和谐同在。修禅要求达到天人合一的一种境界。2017 年，我沿川藏线到西藏，看着碧蓝的晴天，秀美的山水。当时就吟了一首小禅诗：

山河大地是我身，蓝天白云是我心。

善恶美丑无着相，无来无去便是真。

我吟唱出来以后，随行的人都说好，非常受教。**每天学一点禅，不仅是肉体的修正，还是心灵的解脱，更是情感的升华。**

修身养性，只在呼吸之间

有一天，有个老太太来找我，唉声叹气，却又什么都不说。我觉得疑惑，就问她："施主是遇到什么烦心事了吗？"

她才缓缓开口，说："我的女儿一个月前做了部门主管，本来是高兴的事，可是她每天加班到很晚，回到家脾气也变大了，哪句话说得不对，她就呛我和她爸，对孩子也没耐心。"

老太太停顿了一下，我没有打断她，示意她继续说下去。

她接着说："我们都尽量让着她，想着她适应了就好了。可是前几天才知道她报了个班，叫什么观呼吸，说还是外国的老师来讲课，一节课就要三百多块。你说她是不是被骗了啊，这孩子不会是魔怔了吧？"

我听她说完，问她："那您女儿上完课之后，有什么变化没有？"

老太太想了一会儿，说："是比以前脾气好点，回家也愿意跟我们说说话，接电话也很少听见她发脾气了！"

我这才告诉她："您女儿上的课是教人学会呼吸的，不是骗子，调节呼吸可让人平心静气。"

老太太一脸疑惑，说："啥？呼吸还得学？"

我告诉她："很多人的呼吸都是浅呼吸，容易让人感觉到累，空气不能进入到肺下端，不仅影响身体健康，还容易让人急躁，非常不利于身体健康。咱们在生活中，也要学会深呼吸，吐纳有度，才能心情好，身体好！"

老太太这才放心地点了点头，说："那就好，我就放心了，还真是得活到老学到老啊！"

人从一出生就会呼吸，这是活下来的基础。但是，现代人生活压力太大了，很多人并不会正确地呼吸，甚至一遇见紧急的事情就心跳加快，呼吸急促，半天才能平复下来，很容易就被一件小事情引爆，气鼓鼓的样子害得周围人都不敢近身。

修身养性，只在呼吸之间

在我们身边多少会遇到这类人，这就是不会调节呼吸，影响了心情，对健康也有害。另外，很多人都喜欢浅短的呼吸，随着生活节奏加快，呼吸速度也加快了，导致肺叶底部不能吸收新鲜的空气，人体产生的废气也无法及时排出去，浊气滞留在体内，心情不舒畅，还有可能致癌。

所以，才有了观呼吸这一说法。通过观察自己的呼吸，学会深呼吸，慢慢吸气，吐气，在一呼一吸之间心灵变得安静平稳、专注踏实，可以助我们洞悉生命的真谛。掌握了呼吸的方法，在大自然中吐纳新鲜空气，心也会干净澄澈，对世界本质的认识也会加深，思想也会悄然发生变化，对人生的坎坷也就能轻松面对了。

佛教的内观禅修讲的就是观呼吸法门的修行方法，普通人学会呼吸有助于平复心情，这也是在修行。每天留出半小时的时间静坐，慢慢吸气，吐气，一天的烦恼和压力都在这个过程中化解了，心灵又回归宁静。佛教的智慧就存在于生活的点点滴滴，心情好了，身体也会健康长寿。

毕生功业，无定难成

苏东坡在江北的瓜州做官时，和金山寺的佛印是好朋友，两个人经常在一起讨论禅学。有一天，苏东坡觉得自己修行有很多收获，一高兴就写了一首诗：

稽首天中天，毫光照大千。

八风吹不动，端坐紫金莲。

诗中的"八风"指的就是"八种世俗的状态"，分别是毁、誉、利、衰、称、讥、苦、乐。

苏东坡写完诗之后，觉得特别不错，就让书童把诗拿给江对岸的佛印看。佛印读了诗之后，大笔一挥写了两个字，又让书童带回去了。

苏东坡心想："佛印一定会赞赏我的诗，觉得我写的诗禅意特别深远！"书童回来以后，苏东坡赶紧打开佛印的评语，却见纸上写着两个字："放屁！"苏东坡看了之后又惊讶又生气，立即决定乘船过江，一定要找佛印问个清楚。

苏东坡的船行到金山寺，才发现佛印已经在江边等着了。苏东坡一见到佛印，就特别生气地问道："佛印，我们是好朋友，你就算不认可我写的诗，也不能张口就骂人啊？"

佛印哈哈大笑，说道："你不是说你修行得八风吹不动吗？怎么我说了一句放屁就到江这边来了？"

苏东坡听了佛印的话以后，才明白过来，惭愧地不知道说什么好。

不只是苏东坡，现代人也在经受着"八风"的考验。很多人在学校时，待在一个无忧无虑的象牙塔里，以为自己能够坚持原则和底线，任何时候都不会动摇自己的信念。可是入了社会之后，遇到一点困难，就抬不起头了，有的学生因为一时半会儿找不到好工作甚至会放弃自己的生命，这都是因为没有定力，外界环境的任何变化都会在他们心里激起大波澜。

在现实生活中，有定力的人实在太少了，生活在滚滚红尘里，每个人都面临着名利、美色、美食的诱惑。很多政府工作人员手里掌握着权力，别人就有求于他，为了办成事，不惜用金钱和美色诱惑，政府的工作人员如果定力不够，就掉进了陷阱，要为自己的定力不够付出沉重的代价。

要培养定力首先要严格要求自己。例如，领导给你布置了任务，你还没干多久，就去打游戏、吃东西了，不仅任务完成不好，坏习惯也慢慢形成了。有的人工作了好几年还是原地踏步，就是因为定力不够，总是被其他的事情吸引，工作完成不好，当然得不到领导的器重。

佛家说，要安于八法，在任何境界中都不为所动，对风雨和兴衰等闲置之，始终保持内心的安定，才是修行。**不管平步青云还是身处逆境，都要安于自己的内心，不能骄横傲慢，也不能一蹶不振。**加强定力，坚持修行，才能实现自己的梦想。

第七篇

山间野菜采入门，健康自然跟到家

满山野菜，常吃寿百岁

我今年已经 73 岁了，但是您知道吗？我也有师傅，我其中的一个师傅已经活了一百多岁。大家是不是很惊讶呢？事实上还不仅如此，我的这个师傅虽然一百多岁，但是身体健康，面色红润，牙口也很好。我很是钦佩他的精气神，以前我也问过他："师傅您长寿的秘诀是什么呢？"

他哈哈一笑，说："我长期在山里生活，几乎很少下山，山下诱惑多，心就乱了，吃的也是肥甘厚味，不利健康。我一个人的时候，一瓶香油可以吃好几年，盐也很少吃，每次就用筷子蘸一点。吃的食物都是山上采摘的野菜，在山泉里一洗，放在锅里就是美味的食物了。很多野菜本身也是中药，对人的健康有好处，经常吃能够吸收天地之精华。"

这方法跟我抗癌期间的饮食方法有殊途同归之妙。我患癌症的时候，天天化疗，天天大把吃药，整个人都快成药罐子了。不敢闻到一点油烟味，一闻到就会吐得胃里跟翻江倒海似的。后来毅然出院，不治了！

出院后在少室山，我看到牛羊吃那些不知名的野草都把自己养得肥肥壮壮的，我以前天天大鱼大肉反倒弄了一身病。于是，我也开始了以野菜为生的经历。山里的薄荷、枸杞、槐花、萝卜秧等等都是我天天的必食之品。

古人吃饭很简单，现代人生活得却越来越精细，煎炸蒸煮样样精通，但是很多人却都是亚健康的状态，就是因为太精细的食物使肠胃不能充分发挥功能。

中医讲，**药食同源**。有很多野菜、野果本身就有药用价值。在本篇，我将结合自己的经历，给大家推荐十几种具有药食同源作用的野菜野果。如果身体有相应不适的朋友，可以一试。

薄荷熬水，醒脑提神防蚊虫

现在，大家加班熬夜是常事，工作提不起精神的时候，很多人都会想到冲一杯咖啡提提神。但咖啡中的咖啡因容易引起高血压、头晕、耳鸣等疾病，不适合长期饮用。

我的癌症好了以后，就全身心地投入到为大众解决身心疾苦的工作中。因为什么？我病倒以后，才知道时间的宝贵。人来到这个世界上走一遭，不容易，要活得有价值。

释迦牟尼在菩提树下悟道成佛以后，为什么没有选择归隐？而是四处讲经说法，解救众生？就是这个道理。有时候到了夜里，我还有些事务要处理。这时候，我一般会用晒干的薄荷3克泡茶喝，闻一闻薄荷特有的芳香，就能让头脑瞬间清醒许多。

薄荷，性凉味辛。具有疏散风热、清利头目、利咽透疹、疏肝行气的作用。我在临床上治疗外感风热、头痛、咽喉肿痛、食滞气胀、风疹瘙痒等病症时经常用到它。

《本草纲目》记载："薄荷，辛能发散，凉能清利，专于消风散热。故头痛、头风、眼目、咽喉、口齿诸病、小儿惊热及瘰疬、疮疥为要药。"

夏天常用的中药制剂如清凉油、风油精、痱子水、止痒水、人丹、藿香正气水等，都少不了它，可以说薄荷就是清凉药中的香饽饽。

我夏天经常用薄荷叶泡澡，取新鲜的薄荷叶 500 克，洗净，放在浴盆中，倒入热水泡澡即可，能够提振精神，使身心欢愉，帮助入眠。

薄荷还能够防止蚊虫叮咬。都说山里蚊子多，虽然我所在的古禅寺就在具茨山脚下，但是我们寺里的人很少有被蚊虫叮咬的。

原因很简单，因为我们经常用薄荷叶泡澡。无独有偶，有一次我去登山，想跟山里的山民聊聊天，谁知，我一走近他们身边就闻到了一股浓浓的薄荷味。原来，当地人进山都在身上带许多新鲜的薄荷叶，可以防止蚊虫叮咬。

给大家说几个我在临床常用的小验方：

1. 遇到蚊虫叮咬，起了红色的小包，取新鲜的薄荷叶捣碎，敷到患处，很快就会消失。

2. 我还治过一个患者，这位患者一次去游泳，游完后耳朵里的水没有及时清理，回来后感觉耳朵里面痒。由于薄荷具有很好的消炎抗菌作用，还可以止痒，我就让他用新鲜的薄荷绞汁，每次往耳朵里面滴 3 滴薄荷汁，每天 4 ~ 5 次，连续坚持了几天，已经好了大半。

薄荷具有医用和食用双重功能，主要食用部位为茎和叶，也可榨汁服。在食用时，薄荷既可作为调味剂，又可作香料，还可配酒、冲茶等。夏季经常吃薄荷粥，具有清新怡神、疏风散热、增进食欲、帮助消化的功效。

具体做法是：

【薄荷粥】

取鲜薄荷 30 克或干品 15 克、粳米 150 克，适量冰糖，清水半升。

先煎薄荷 5 分钟，冷却后捞出薄荷留汁。

用粳米煮粥，待粥将成时，加入薄荷汤及少许冰糖，煮沸即可。

使用薄荷时，有两点需要注意：一是薄荷的有效成分薄荷油在高温下容易挥发，所以**煎时不可过久，以免药效丧失。**二是薄荷具有抗着床、抗早孕的作用，**备孕期的女性应谨慎服用。**

尿频、尿痛、尿不尽，车前草解决小尴尬

下水道里滋生着许多细菌微生物，如果长时间不清理，聚集的污垢多了，就会导致废水排出不畅。输尿管就是我们身体的下水道，

身体代谢的废物有一大部分通过它排出体外。输尿管里细菌增生得多了，会引起局部的炎症，导致排尿困难。细菌甚至会刺激中枢的排尿系统，不断发出信号，导致尿失禁。

在临床上，尿频、尿痛、尿不尽是很多患者的难言之隐。上课、开会、工作时，想上厕所可又不得不忍着，有时还会出现尿失禁，甭提多尴尬了。

在中医里面，这属于淋证的范畴。巢元方在《诸病源候论》中对淋证的病机进行了高度概括。他指出："诸淋者，由肾虚而膀胱热故也。"指出湿热邪气聚集于下焦而导致了此类病症，就像下水道里的污垢滋生得多了，正常的废水排出就会受到影响。

中医治疗此类病症的例子由来已久，《肘后备急方》中就有治小便不通，用"车前草一斤，水三升，煎取一升半，分三服"的记载。

车前草甘、淡，性微寒，具有清热利尿、渗湿止泻、清泄肺热的功效，临床上常常用来治疗小便不利、淋浊带下、水肿胀满、暑湿泻痢等病症。这种植物的生命力非常旺盛，即使被车辆碾压了，很快就能够再次生长出来；分布也十分广泛，在田间地头，农村的土路上都经常见到。

我以前在中医院工作期间，治疗因湿热导致的尿频、尿急、尿不尽等病症，常常会用到车前草，效果也非常好。

关于车前草有一个典故：

据说西汉时期有一名将军，一次所率军队被敌军围困，许多人和战马小便时尿血、尿道疼痛难忍，但是军医却没有办法治疗。偶然有一天，马夫发现他负责的三匹马都没有了尿血的情况，经过观察，发现这是因为战马吃了一种牛耳形的野草。军医将这种药材入药，治疗了军队中尿血的情况。因为野草是在战车前面发现的，所以就命名为车前草。

虽然这是一个古老的典故，并且已经无从考证了，但是我们从车前草的药用价值以及使用的范围来看，它对于人类是非常重要的。

我以前在临床上看过一个病例，一个 17 岁的女高中生，说自己学习压力非常大，晚上失眠，近来出现小便时尿道发痛。我见她舌苔黄腻，辨证为湿热聚于下焦，就让她用淡竹叶 6 克、车前草 6 克泡水喝。过了两周，小女孩周末回家，再见到她时已经不再疼了。

此外，车前草还含有大量的微量元素，可以用于食疗。我有时会去山里采摘一些新鲜的嫩车前草，做车前汤。具体做法如下：

【车前汤】

将采来的嫩车前叶 100 克用水洗净备用。

锅烧热后放入豆油、花椒、精盐、姜丝等煸炒几下，加 500 毫升水，放入车前叶，水开后停 10 分钟放入香菜，即可出锅。

此汤具有清热、利尿、消炎的功效。

值得注意的是，车前草因为药性稍偏于寒凉，最适用于容易上火的人群。但一些体虚或者是滑精、气不固的人不宜长期服用。

眩晕便秘，常喝枸杞红枣茶

现在，越来越多的人开始认识到中草药的好处了。我说的可不光是国内，其实中草药正在走向世界。我有一次去美国讲学，在用餐的时候发现，桌上的水果沙拉里居然有枸杞子。尤其是在水果与果酱之间，红红的枸杞子显得格外鲜美。当时我很吃惊，就问美国的朋友，沙拉里怎么会有枸杞子。那个朋友说，现在枸杞子的知名度非常高，很多外国人都会用它来泡茶、煲汤、做菜。

事实上确实如此，枸杞子可是一味养生必备的中药。每年到了夏天，我都会到山上去摘野生枸杞子。当然，国内最有名的当属宁夏枸杞子，与琼珍灵芝、长白山人参、东阿阿胶并称为中药四宝。

《神农本草经》记载："枸杞久服能坚筋骨、耐寒暑，轻身不老，乃中药中之上品。"

《本草纲目》中也赞扬："枸杞子甘平而润，性滋补……能补肾、润肺、生精、益气，此乃平补之药。"

现在，咱们觉得枸杞子没什么稀奇的，到药店就买来了。但是，古代由于产量限制，枸杞子可是只有王公贵族才享用得起的补品。只不过现在大规模人工种植的盛行，咱们普通老百姓才得以饱口福。

家里有车的都知道，要想延长一辆车的寿命，就必须经常去4S

店保养，虽然会花费一些金钱，但是这样做是值得的。如果不及时保养，车可能很快就坏掉了。

人也是这样，随着年龄的增长，身体的抵抗力就会不断下降。《素问·上古天真论》中就说："女子七岁，肾气盛，齿更发长……五七阳明脉衰，面始焦，发始堕；六七三阳脉衰于上，面皆焦，发始白……丈夫八岁肾气实，发长齿更……五八肾气衰，发堕齿槁；六八阳气衰竭于上，面焦，发鬓斑白；七八肝气衰，筋不能动；八八天癸竭，精少，肾藏衰，形体皆极。则齿发去。"意思是说，男人到了 40 岁，女人到了 35 岁，身体就开始走下坡路了。

再加上不良的生活方式、外界环境的污染等等，随时都有可能导致疾病的发生。这就需要不停给身体保养，而枸杞子恰恰就是一种简单、便宜的保养方式。

我在夏天把枸杞子摘回来以后，喜欢用它泡水喝，因为枸杞子的药性甘、平，具有滋补肝肾，益精明目的作用，可以用于虚劳精亏、腰膝酸痛、眩晕耳鸣、目昏不明等病症。

现代药理研究发现，其内具有枸杞多糖、甜菜碱、枸杞色素等，具有提高身体免疫力、延缓衰老、抗肝损伤、补肾、降血压、抗疲劳、抗肿瘤等作用。西方研究发现，枸杞子具有壮阳的作用，于是精明的英国商家索性将枸杞子称为"水果伟哥"。

如果您平日里用电脑工作比较多的话，为了保护视力，可以选择将枸杞子和菊花一起泡茶，这是一个很老的老偏方，名叫"杞菊茶"。

具体做法是：

【杞菊茶】

用枸杞子 3 克、菊花 3 克，热水 250 毫升泡茶，也可以根据自己的口感加入适量白糖。喝完之后头目会清醒许多，晚上也有助于睡眠。

再给大家分享一个我在临床上常用的小验方：

【红枣枸杞茶】

取红枣、枸杞子等份，红枣掰开与枸杞子一块儿泡水，可以应用于气血不足之眩晕、便秘等。

有个三十多岁的女性病号，经常便秘，我见她的舌淡、脉弱，综合其他情况，辨证为气血亏虚，就让她回去用这个方子泡水喝。半个月后她来找我复诊，说大便顺畅多了，没想到一个小方子居然这么管用。

最后给大家说说枸杞子的鉴别吧。由于市场上对于枸杞子的需求巨大，所以很多人会以次充好，反正现在只要是卖枸杞子的，你一问都会说是宁夏枸杞子。另外，有些人甚至给枸杞子染色，用硫黄熏等，吃多了对身体反而有很大害处，下面给大家说几条辨别的方法。

1.正宗宁夏枸杞子粒大、肉厚、皮薄，味甘甜，但是吃完后嗓子里有一丝苦味；色鲜红，颜色柔和，有光泽，肉质饱满，泡水清淡，裸籽轻，泡水易上浮，药效高。

2. 对硫黄熏过的枸杞子，只需要抓一把用双手捂一阵之后，再放到鼻子底下闻，如果可闻到刺激的呛味，那么就可以肯定被硫黄熏蒸过。熏过硫黄的枸杞子，味道呈现酸、涩、苦感。

3. 枸杞子都以粒大饱满为上品。因为用白矾水泡过以后会使枸杞子果粒变大，所以很多商家采用这种方法。但是白矾泡过的枸杞子很好辨别，把这种枸杞子对光照射，药材表面会有闪亮的晶点，咀嚼起来也会有白矾的苦味。

4. 用色素染过的枸杞子，从感观上看，肉质较差，无光泽，外表却很鲜红诱人。所以，买枸杞子的时候一定不要贪"色"，特别是染色的枸杞子，整个都是红色，连枸杞子蒂把处的小白点也是红色的，而正常枸杞子尖端蒂处多为黄色或白色。由于用色素染过的枸杞子特别怕水，建议大家在选购枸杞子时可以把几粒枸杞子放进水中，或者是故意用潮湿的手搓一搓，如果出现掉色，就说明用过色素。

关于枸杞子，我再给大家讲个故事。

有一天，一个官员微服私访，来到一个小山村。刚走到村子里面，就看到一个看着很年轻的人在追着一个老年人打。老年人呢，则是一边跑一边求饶。

官员实在看不下去了，上前制止说："年轻人，不知道孝顺老人，反而做出如此举动，实属有罪！我是本县县官……"说完，就要让身边的差役（当然也是一身便装了）去抓捕这个年轻人。谁知道，这个老人反而马上跑过来说："县太爷，您误会了，这个人是我的父亲。"

不仅是县官，两个差役听了也都大吃一惊。这时候那个年轻人走过来冲着老人说："天天让你吃枸杞你不吃，你看你现在老成啥样了？枸杞春天吃芽，夏天吃叶，秋天吃果，冬天吃根，浑身上下都是宝，吃了让人轻身延寿，你不知道吗？"

当然，现在咱们不用这样吃了，但是枸杞常吃对身体确实是非常有好处的。我经常给身边的人推荐，很多人反映，吃了一段时间后，身体的免疫力强了，生病少了，人也更有精神了！

大便带血，来点儿槐花清肠热

大、小便可以在一定程度上反映人体的健康状况，所以在排便后，应该注意最近大、小便有没有明显的异常。如果你发现粪便颜色呈鲜红、暗红或柏油样（黑便），很有可能是患了便血。我们应当清楚的是便血只是一个症状，并非一种疾病，下消化道出血的情况较为多见。

便血在中医里面属于血证的范畴，大多数患者由邪热内蕴而引起。邪热聚于肠道而迫血妄行，导致血液溢出正常的循环途径进入胃肠道。就像我们给锅里装了满满的一锅水，在锅下面加热，等水要烧开的时候，热水会溅出锅外。咱们身体里的血如果太热，也会超出它正常的循环途径，流进肠道，随着粪便排出体外，出现便血。

以前遇到这样的患者，我常常会采用槐花进行治疗。槐花味苦、性微寒，具有凉血止血、清肝明目的作用。《本草求真》中记载："槐花治大、小便血，舌衄"。

我在临床上常用它来治疗肠风便血、痔疮下血等病症。在槐花开放之前的花蕾叫槐米，我会采摘后，晾干储存起来。上火的时候，用槐米泡水喝也有很好的疗效。

一年春天，我去一个村子义诊，当地村民准备的午餐竟然是槐花蒸面。槐花的清香和面的香味混在一起，闻上一闻，整个上午的疲惫都消失了。我赶忙问了主人这个槐花蒸面的做法。具体做法是：

【槐花蒸面】

准备槐花500克、面粉250克、姜、盐等调味品。

用清水把槐花洗干净，把多余的水沥干，放入盆中。

倒入面粉，搅拌匀。

在上锅蒸之前，在笼屉上放块纱布，再把槐花倒入，在槐花堆中用筷子扎几个出气孔，上火蒸10分钟。

出笼放在盆里，搅拌散开，待凉。

入炒锅加油、姜丝炒热，放盐出锅。

主人还告诉我，如果他们最近有感觉上火，经常吃这个东西，基本吃两次就好了。

现代药理研究发现，槐花有扩张冠状动脉、降血压、降血脂等功效，可以保持毛细血管弹性，减少血管通透性，可以使出血的毛细血管恢复正常，因而常服槐花可以防治高血压、高血脂、脑血管病等。

下面给大家分享一个治疗便血的小验方——槐花马齿苋粥。

曾经有一个男患者，直肠癌切除术后，还是便血不止。我见他的舌苔发黄，结合他的饮食起居，辨证为邪热内蕴，就让他服用槐花马齿苋粥。三天之后复诊，患者便血的量已经少了一半。

具体做法如下：

【槐花马齿苋粥】

准备鲜马齿苋 100 克，槐花 30 克，粳米 100 克，红糖 20 克。

先将鲜马齿苋拣去杂质，洗净，入沸水锅中焯软，捞出，切成碎末，备用。

将槐花拣去杂质，洗净，晾干或晒干，研成极细末，待用。

粳米淘洗干净，放入砂锅，加水适量，大火煮沸，改用小火煨煮成稀粥。

粥将成时，兑入槐花细末，并加入马齿苋碎末及红糖，再用小火煨煮至沸，即成。经常食用具有清热解毒、凉血止血的作用。

但是，槐花性微寒，重在清热止血。体质虚弱，没有实火的便血患者，应当谨慎服用。

常吃萝卜秧可减肥，让你更苗条

走在大街上，发现现在的胖人越来越多了。我有时候走路，看到一些男同志肚子大得走路都跟着上下颠簸，真替他们担心，难道都不注意一下自己的健康吗？

热量摄入过度，而又缺乏运动，常常是造成肥胖的主要原因。就好比一个粮仓，整天入得多，出得少，时间久了粮仓也会越堆越多。肥胖的危害特别大，容易并发高血压、冠心病和各种心脑血管疾病，将来中风瘫痪的概率非常大。

佛学上也讲，贪欲之"财、色、名、食、睡"号称地狱五条根，都是轮回之因。

可是，美食在眼前，又有多少人能抗拒得了呢？

我在每年春夏时节，都会吃些萝卜苗、萝卜秧。萝卜秧具有消积滞、化痰热、下气宽中、解毒的功效，主治食积胀满、消渴等病症。萝卜秧食用后可有饱胀感，能够降低肥胖患者的食欲，控制进食量。并且，萝卜秧中含有大量的芥子油和精纤维，可促进胃肠蠕动，有助于体内废物的排出。常吃萝卜秧还能降低血脂，软化血管，稳定血压，预防冠心病、动脉硬化等疾病。

我常常让患者回去做清调萝卜秧食疗，收到了不错的效果。曾有一个公司白领，整天坐办公室，生完孩子后，体重就再没降下来过。我让她回去每天坚持吃萝卜秧，一个月后，再见到她时，身体已经瘦了一大圈，她说自己瘦了将近 10 斤。

下面我们谈一谈清拌萝卜秧的具体做法：

【清拌萝卜秧】

取萝卜秧 300 克，调料自选。

把新鲜萝卜秧放在水中焯一下捞出，沥干水，切成小段儿。

根据自己的口味加上盐、酱油、醋、香油等调味料。搅拌均匀即可食用。

在佛教里，有很多关于因贪吃遭业报的故事。下面给大家说一个。

相传明朝崇祯年间，有一个叫张其光的人，是个孝廉。家里钱粮无数，土地万顷。这个人也非常善良，但就是有个特别大的爱好——吃甲鱼。后来，他升官了，非常高兴，准备庆祝一番，就安排管家张罗此事。

当天晚上，张其光睡觉的时候做了个梦，梦里有一个黑衣人前来乞求："明天我到你家，请救我一命；若不相救，恐有祸事。"张其光从梦中惊醒，把这件事告诉妻子。他的妻子也不知道是怎么回事。

第二天，一个佃户捕到一只巨鳖，状如锅盖，拿到张其光家，向他道贺。他见到巨鳖，心中狂喜。妻子警告说："昨晚的梦，或许就是这个吧！"张其光不以为然地说："有灵性的动物才能托梦，这只是蠢物，怎么可能呢？"立刻命人宰杀烹煮，先盛了三大碗。张其光一阵狼吞虎咽。当晚，张其光开始腹泻，不到三天，拉肚子脱水而死。

对于传说故事，不必刨根究底，关键是领悟到故事背后的寓意——不可贪吃，不可乱吃。

夏天心烦气躁，不妨吃点"马齿苋炒鸡蛋"

马齿苋在田间地头、山野河边都很常见，分布十分广泛。我偶尔会到山里采些马齿苋，凉拌一下当野菜吃。

李时珍在《本草纲目》中说："其叶比并如马齿，而性滑利似苋，故名。"

因为它长得像马齿一样，所以叫马齿苋。它还有一个特别有意思的名字，叫五行草，因为它的叶子是青色的，梗是红色的，花是黄色，长在地下的根发白，种子发黑，刚好对应了中医的青、赤、黄、白、黑五色，这就是自然界的一束奇葩。

种地的农民非常讨厌它，因为它的生命力特别顽强。无论在哪种土壤中马齿苋都能生长，生命力非常强，人们得定期到田地里去拔掉它。但是，作为医生的我知道，马齿苋虽然不起眼，但它可是一味非常有用的中药，在农村的田间地头也很常见，采药非常方便。

马齿苋性寒，味甘、酸，具有清热解毒，利水去湿，止血凉血等作用，可以用于治疗细菌性痢疾、肠炎、疮疖及化脓性疾患等病。此外，马齿苋的微量元素含量非常丰富，它还有降血压、降血脂、降血糖、美容、减肥、促进子宫收缩的功效。

夏天我经常用它来做马齿苋炒鸡蛋，具体做法如下：

【马齿苋炒鸡蛋】

准备马齿苋 100 克、鸡蛋 3 个。

先将马齿苋用清水淘洗干净，去掉根、老黄叶片，将洗净的马齿苋切成小段备用。

取出 3 个鸡蛋打散，加入马齿苋调匀，加精盐、料酒、味精适量调味，然后放置 10 分钟，让它们充分混合到一起。

将炒锅洗净，加入花生油，烧热，将马齿苋和鸡蛋倒入锅内炒熟，趁热佐餐食用。

此菜具有清热解毒、止泻的功效。夏天经常食用，具有很好的去心火的作用，可防止痢疾等肠道疾病的发生。

我还有个治疗疮疖的经验方，经常给病人用，效果也挺好。

【马齿苋治疮疖方】

取鲜马齿苋 200 克，洗净捣碎，取汁涂抹在皮肤上。

适用于化脓性皮肤病和外科感染，如暑令疮毒、疖肿、乳痈、丹毒等，一般在1～2周可愈。

前段时间有一病人，腰上出了个大红包，时不时还有黄稠脓液流出，此类病症多是由于热毒引起的疮疡。我想起《黄帝内经》上说："诸痛痒疮，皆属于心"，而肺主皮毛，并且马齿苋既清心火，又散肺热，它的排毒功效既走血分，又走皮肤，内外兼治。于是，我让患者回去找了一些新鲜的马齿苋，绞汁，敷于创面，过了三天，红包就下去了。

马齿苋虽好，但使用时也要注意。因为饮食不洁导致的拉肚子，用马齿苋治疗效果比较好，但是腹部受寒引起的腹泻使用马齿苋就会加重病情。因为本来就是寒邪，如果再用寒凉的马齿苋，无疑是雪上加霜。另外，**马齿苋有促进子宫收缩的作用，孕妇要禁食。**

产妇乳房痛，快吃蒲公英

蒲公英也是我春、夏天经常到山里采摘生吃的野菜。但是在这里，我要给大家说说蒲公英的药用价值，因为它对产妇的乳房痛效果非常好。蒲公英植物体中含有蒲公英醇、蒲公英素、胆碱、有机酸、菊糖等多种健康营养成分，有利尿、缓泻、退黄疸、利胆等功效。由于蒲公英含有利尿的功效，所以在部分农村地区，也有叫它尿床草的。

蒲公英同时含有蛋白质、脂肪、碳水化合物、微量元素及维生素等，有丰富的营养价值，可生吃、炒食、做汤，是药食兼用的植物。由于蒲公英具有良好的清热作用，有牙龈肿痛时，我就会去采摘一些蒲公英泡茶喝，喝两次症状基本都消失了。

具体做法：

【蒲公英茶】

把蒲公英晒干后，取蒲公英 6 克捏碎，加红茶 3 克，放在一起泡水喝。

蒲公英还可治产妇乳房痛，这里所说的乳房痛一般是指西医说的急性乳腺炎。临床表现为：乳房胀痛，皮温高，局部皮肤红、肿、热、痛，压痛。这是因为炎症导致局部乳汁的淤滞，静脉和淋巴的回流不畅，使乳房局部出现边界不清的硬结。在中医属于乳痈的范畴，中医讲不通则痛。经络就像河流，河流的中间突然被东西阻断，上游下来的水，就会在这里越聚越多，而身体内的精微物质顺着经络不断流动，如果被阻断，就会在一定的地方聚集，使局部组织肿胀，引发疼痛。

想让疾病消除必须采用一定的药物，达到消肿散结的目的，但是处在哺乳期的妇女，因为还要给孩子喂奶，所以不能乱用药，尤其不能滥用抗生素来消炎。这时候，中药蒲公英就是一种非常好的替代药物。

蒲公英，在农村是一种非常常见的植物。春、夏季节是它的花期，种子上有白色冠毛结成的绒球，花开后随风飘到新的地方孕育新生命，所以在有些地区，大家叫它布谷草。中医认为蒲公英性平味甘微苦，有清热解毒、消肿散结及催乳的作用，对治疗乳腺炎十分有效。

《本草正义》指出："蒲公英，其性清凉，治一切疔疮、痈疡、红肿热毒诸证，可服可敷，颇有应验，而治乳痈乳疔，红肿坚块，尤为捷效。鲜者捣汁温服，干者煎服，一味亦可治之，而煎药方中必不可缺此。"

而且，蒲公英的传说就跟治疗乳房肿痛有关。

相传在很久以前，有个十六岁的大姑娘患了乳痈，乳房又红又肿，疼痛难忍。但她羞于开口，只好强忍着。这事被她母亲知道了。在封建社会，从未听说过大姑娘会患乳痈，母亲以为女儿做了什么见不得人的事。姑娘见母亲怀疑自己的贞节，又羞又气，更无脸见人，便横下一条心，在夜晚偷偷逃出家园投河自尽。

事有凑巧，当时河边有一渔船，上有一个蒲姓老公和女儿小英正在月光下撒网捕鱼。他们救起了姑娘，问清了投河的根由。第二天，小英按照父亲的指点，从山上挖了一种小草，洗净后捣烂成泥，敷在姑娘的乳痈上，不几天就霍然而愈。以后，姑娘将这草带回家园栽种。为了纪念渔家父女，便叫这种野草为蒲公英。

下面给大家介绍一个治疗乳痈的小验方：

【蒲公英治乳痛方】

取新鲜的蒲公英 50 克，捣碎后直接敷在乳房疼痛的地方。

我以前当大夫的时候，遇到过好几十位女同志，大部分用了这个小验方以后效果都非常好。另外，蒲公英叶子还有改善湿疹、舒缓皮肤炎、关节不适的功效，和马齿苋取等分，捣碎敷于患处，也具有一定的疗效。对于爱美的女性而言，蒲公英还是质优价廉的"美容万金油"，长期坚持将捣碎的蒲公英敷在脸上，对于皮肤痤疮、雀斑、油性皮肤具有良好的改善作用。

但是有一个使用的注意事项，大家要引起重视，蒲公英性较为寒凉，阴虚和脾虚便溏的患者尽量不要内服，以防出现拉肚子。

多年老慢支，全靠鱼腥草

慢性支气管炎，简称老慢支，是呼吸系统的一种慢性炎症，在中医范畴中多属于肺系疾病的哮病和喘证。患者多在夜间或早晨，咳嗽，吐大量痰，甚则喘息不能平卧。就像大马路上堆了很多垃圾，车辆的通行就会受到影响，要想保持道路畅通，必须及时把垃圾清理走。我们的气管出现了炎症，就会产生很多黏液堵在气管里，影响气体通行，需要不断咳嗽把垃圾清除掉。长期如此会严重影响患者的夜间休息，导致生活质量严重降低。

到了天气转冷的时候，临床上会有很多老慢支患者来就诊。在多年的临床工作中，我发现中药鱼腥草对此病有特殊的疗效。我常常嘱咐患者回去按照我的小验方坚持治疗，对于单纯性呼吸道慢性炎症具有非常好的疗效。

鱼腥草，因为它的叶子有腥气，故得名。它的味辛，性微寒，入肺经，具有清热解毒、消痈排脓、利尿通淋等功效，我常用它来治疗肺痈、肺热咳嗽、疮疡肿毒等病症。现代药理研究表明，鱼腥草中含有的挥发油、鱼腥草素等多种成分，对金黄色葡萄球菌、肺炎双球菌等多种致病菌以及流感病毒、钩端螺旋体等有较强的抑制作用，能增强白细胞和巨噬细胞的吞噬能力，提高人体免疫力。因此，对于肺部的慢性炎症，具有很好的抑制效果。

下面给大家说说我在临床常用的治疗老慢支的小验方：

【鱼腥草治老慢支方】

先取桔梗15克，加水约200毫升，文火煮沸10～20分钟。

加入鱼腥草20克，再煮沸3分钟，过滤取汁，服用即可，一天分两到三次喝完。

服药后咳嗽、咯痰均可减轻或消失。**这里一定要注意鱼腥草煮的时间不要太长，因为鱼腥草的有效成分多数含在它的挥发油中，煮的时间过长，药效就会丧失。**

我夏天上山采药，有时会在山林中比较潮湿、靠近水的地方遇到鱼腥草。将其采摘回去煮茶，具有一定的防辐射作用。不仅适用于空勤人员，也适用于经常接近辐射源的人员，如 X 光机和电脑操作人员，以及常看电视的人群。据说在日本的广岛、长崎原子弹爆炸之后，鱼腥草可以短时间内顽强再生，当地幸存的居民也靠它来防辐射。

下面还有一个可以清热解毒、止咳化痰的小验方，具体做法是：

【鱼腥草止咳方】

先准备鱼腥草 30 克、雪梨块 50 克、白糖或冰糖 10 克。

取新鲜的鱼腥草 30 克，加水 300 毫升煮成汁，弃渣。

放入雪梨块 50 克和白糖或冰糖 10 克，煮至梨软烂，放凉即可。

茅根甘蔗水，解暑有奇效

"暑到难，暑到难，空调打开莫敢关"，俗话说"冬练三九，夏练三伏"，但是在这样的天气下，就连吃个饭都大汗淋淋，哪还有心练什么三伏，赶紧躲到空调屋里吧。当然，自有解决的办法，一杯"白茅根甘蔗水"就能帮你解决问题。

一提到白茅根，大家想到的一定就是它那甜滋滋的味道。不过作为一个医生，我知道白茅根性寒凉，具有凉血、止血、清热、利尿的作用，可用于治疗热病烦渴、吐血、衄血、肺热喘急、胃热哕逆、淋病、小便不利、水肿、黄疸等症。并且白茅根甘寒，甘能生水，寒能退热，在退热解暑的同时，又能防止人体的津液消耗太多。

在生活中，遇到中暑的人，大家都知道赶紧给他来一杯糖盐水，但是很多人不知道为什么？其实中暑的人体内一般都很缺水以及电解质，喝糖盐水就是要赶紧补充人体出汗丢失的水、糖类、钠离子、钾离子等，使人较快恢复到正常状态。

但是在野外没糖、没盐你该怎么办呢？

记得有一年的夏天，我作为随队医生，跟随考察队到野外考察，由于天气太热，水土不服，有个年纪较大的考察员中暑热晕了过去，当时糖、盐什么都没有，用了一点解热镇痛的药还是不行，情况十分危急。

急中生智，这时我看到了长在地上的白茅根，赶紧让人弄了点，煮成茅根水。两杯茅根水下肚，马上烧就退了，我们大家都松了一口气，同时也对那白茅根水印象深刻。

从那以后，每年三伏天，我在家中经常会备一些白茅根、甘蔗等，做成茅根甘蔗水，用来解暑。每当大热天要出门或身体热得不舒服的时候，我经常会做一些茅根甘蔗水来喝，退热解暑效果相当好。它的退热功效不是像冰块似的把你的热一下子降下来，而是通过利尿的方式，使热从膀胱中排出，这样既退热也不伤人体的正气。下面我给大家分享一下茅根甘蔗水的做法：

【茅根甘蔗水】

准备鲜白茅根 50 克，红萝卜 1 根，甘蔗 500 克，连皮马蹄 500 克，无花果 3 颗。

把材料都洗干净，甘蔗砍成小段，对半再剖开，马蹄切去头和底部，红萝卜切成大块。

把所有材料放进锅里，放清水约 10 碗，大火烧开 15 分钟后，转小火再煮 30 分钟即可熄火。

感觉口感不够甜的，也可以加入些许冰糖同煮（根据自己的口味进行调整）。

把汤渣捞出，喝不完的可以放到冰箱里，当清凉饮料喝。

茅根甘蔗水虽好，饮用也要注意：**白茅根性寒，服用时不宜过量；体虚、脾胃虚寒、便溏者慎服。**

肾不好，吃点刀豆帮你忙

"肾者，精神之舍，性命之根""人之有肾，犹树之有根"，中医认为肾为先天之本，肾在人体的生长发育、调节身体机能中发挥了十分重要的作用。人体的生命活动、机体调节，都需要肾气的不断温煦。

肾就像国家的粮仓，粮食为国家的根本。如果国君不注意节约粮食，国民不辛勤耕种，粮仓只出不进，只会使储存的粮食越来越少，粮仓空虚，人民吃不饱，那么国家也将灭亡。我们的肾也是这样，随着年龄的增长或者短时间内过度劳累，如果不注意保养，都会导致肾虚。

肾虚的种类有很多，其中最常见的是肾阳虚。如果你出现了腰酸、四肢发冷、畏寒、性功能减退、记忆力下降等症状。那么这时你需要警惕，很可能出现了肾阳虚的表现。我在长年的临床工作中，发现一种超市常见的蔬菜也具有非常好的补肾作用，那就是刀豆。

刀豆属豆科，因豆荚形似刀而得名"刀豆"。刀豆性温、平，味甘，具有温中下气，利肠胃，止呕吐，益肾补元气的作用。临床上常用于虚寒呃逆，呕吐，肾虚，腰痛，胃痛等病症。中医喜欢取象比类，刀豆入药的部分为刀豆子，刀豆子形状像肾，正所谓"吃啥补啥"，这种说法虽不一定科学，但也有一定的道理。

在临床上遇到肾阳虚的患者时，有的病人病情较轻，我一般会建议他们用一个食疗的偏方——把刀豆蒸熟吃，这个药膳具有很好的补肾作用。

具体做法是：

【蒸刀豆】

取去皮后的刀豆 15 克，撒上盐，放在蒸锅中蒸 30 分钟即可，趁热食用。

我去上海出差时，也发现上海百姓的餐桌上经常会出现一道刀豆烧土豆，因其简单、实惠，而且健脾开胃、补肾，深受当地人的喜爱。

具体做法是：

【刀豆烧土豆】

准备嫩刀豆 500 克、土豆 300 克、大蒜两头。

刀豆和土豆洗净后，土豆去皮切成条状，刀豆切成小段儿，大蒜剁成蒜泥备用。

放锅，下油，大火烧至油热时，放入蒜泥爆香，然后放入土豆条炒至半透明时放入刀豆，翻炒，加水小半碗，上盖，大火煮 5 ~ 8 分钟。

改小火，开盖，加老干妈，加盐、老抽、生抽，翻炒 2 分钟起锅，即可食用。

做刀豆的时候必须注意火候，如火候不够，吃了有豆腥味和生硬感，会引起食物中毒，故一定要炒熟煮透，但要保持碧绿，不能煮成黄色。

此外，刀豆中还含有丰富的蛋白质、血细胞凝集素、刀豆氨酸等。刀豆对人体镇静也有很好的作用，可以增强大脑皮质的抑制过程，使神志清晰，精力充沛，一般人群均可食用，尤适于患有肾虚腰痛、气滞呃逆、风温腰痛、小儿疝气等患者。

一碗茯苓粥，安神止泻去疲劳

很多人或许有下面的烦恼：每天早上起来，总是精神不好，没有食欲，肚子痛想去上厕所。到西医院检查了个遍，各项指标都是正常的，一点问题都没有，医生给你开点有益肠道菌群的药，就让你走啦，效果不理想，自己又不知道吃什么药，唉……

但是在中医看来，这也许就是简单的脾虚泄泻，脾虚泄泻为常见的消化道疾病。中医认为脾主运化水湿，如果人脾虚，则身体会出现"水湿痰浊停蓄"的问题，这是水湿阻于胃肠，脾虚失运，不能制水，湿注肠道所致。

这就像我们经常用的空调一样，空调正常工作，其冷凝水就有其合适的去处，但是一旦空调的排水功能出现问题，水就会贮存在空调内，影响制冷或制热的功能，或跑到其他地方，损坏机器，要想空调恢复正常，就必须修好其排水功能。对于脾胃也是这样，要想治好脾虚泄泻，根本还是要健脾利水。

我在临床上，遇到这种病人时，经常用的一味药就是茯苓。茯苓性甘、淡、平，归心、脾、肾经，可利水渗湿，健脾安神，具有较强的利尿作用，能增加尿中的钾、钠、氯等电解质的排出，在治疗脾虚泄泻、肥胖的病人中效果极佳。

我有一名弟子就是典型的脾虚泄泻的例子，记得有一段时间他工作忙，经常在外面买饭吃。但是不久就发现自己不想吃饭，还没有精神，经常拉肚子。后来，我就让他熬茯苓粥喝，之后他的症状一天比一天好，三天后症状几乎全没了。所以，熬点茯苓粥，既好喝又能健脾胃。

说到茯苓粥，其实此药粥是宋代文学家苏轼的弟弟苏辙发现的，苏辙少时多病，夏则脾不胜食，秋则肺不胜寒，久服药不愈。一次，他在和朋友交谈中得知，调气息，食茯苓，可治此病。于是他按照朋友所说的做了一年，果然痊愈了。此后，他认真研究《神农本草经》等医学著作，并制作了"茯苓粥"。后把此方告诉其父苏洵、其兄苏轼，全家服用。

下面我给大家分享一下做茯苓粥的方法：

【茯苓粥】

准备粳米（大米）100克、茯苓30克、大枣6枚。

先将红枣用文火煮烂，同时将粳米煮成粳米粥，之后将煮烂的红枣连汤放入粳米粥内，加茯苓，再煮片刻即成。

除了上述功能外，茯苓还有镇静和降低血糖的作用。可以缓解因肥胖、平日饮食不节导致的痛风，或者局部肌肉、关节轻微的疼痛，另外还兼有美容作用，像宫廷的御用美容方七白散中就有用到茯苓。

茯苓性甘、淡、平，一般人群均可服用。**但要注意，阴虚而无湿热、虚寒滑精、气虚下陷者不宜过服茯苓。**

最后再给大家介绍一个老北京的美食——茯苓饼，能健脾补中，宁心安神。适用于气虚体弱所致的心悸、气短、神衰、失眠以及浮肿、大便溏软等。做法简单，在家即可完成，异常美味，可在家中常备。下面是具体做法：

【茯苓饼】

准备茯苓细粉、米粉、白糖各等份。

上 3 味加水适量，调成糊，以微火在平锅里摊烙成极薄的煎饼。

常喝"首乌茶"，从此远白发

常言道"莫等闲，白了少年头，空悲切"，但是，很多人年纪轻轻三十多岁，甚至二十多岁就出现了白头发。

年轻人何以早生白发？据一项调查指出：随着现代人生活与工作节奏的加快，精神压力明显增大，熬夜和饮食不规律已成常态，引起机体激素分泌紊乱，内分泌功能失调，是导致须发早白的主要原因。

那么怎么预防与解决白发问题呢？对于很多正在奋斗中的年轻人来说，休息与生活规律很难做到，那么就没有什么好的解决办法了？作为一名中医，我知道《黄帝内经》上有"发为肾之华，发为血之余"之说，可见头发跟人体内肝、肾两条经脉的气血关系密切，故滋补肝肾为治疗须发早白的好方法。

我以前在临床坐诊多年，发现何首乌这味药益肝肾，补精血，乌须发，抗衰老，在治疗须发早白中作用突出。

相传武则天称帝时，为求容颜不老、长命百岁，命国师胡超炼仙药。胡超来到嵩山脚下的长寿村，知此地村民皆食何首乌和小黑豆煮制而成的首乌粥，遂用黑豆与何首乌炼制仙药，专供武则天食用，武则天食后果真容颜焕发，最终82岁寿终。

虽然何首乌没有令人容颜不老、长命百岁的神奇功效，但是不可否认其在益肝肾、乌须发、抗衰老的功能上作用突出。现代研究也表明：何首乌能使脑和肝中蛋白质含量明显增加，提高老年机体DNA修复能力，提高机体SOD含量，延缓衰老；同时，何首乌可使骨髓造血干细胞明显增加，可促进造血功能。所以，对于有少白头的人，我经常建议他们用何首乌泡茶喝。

不过，大家要注意：中药何首乌有生首乌与制首乌之分，直接切片入药为生首乌，用黑豆煮汁拌蒸后晒干入药为制首乌，二者的功用有所不同：生首乌功能解毒（截疟）、润肠通便、消痈；制首乌功能补益精血、乌须发、强筋骨、补肝肾。**生何首乌有一定毒性，以上说到的用于内服的何首乌均为制何首乌。**

低头族、电脑奴，来杯菊花枸杞决明茶

一项调查显示，经常使用电脑工作的人眼部普遍受到伤害，八成以上的网民眼部经常出现不适症状，三成以上网民出现视力下降。有研究表明电脑屏幕产生的辐射线会刺激角膜使上皮细胞的抵抗力降低，导致角膜上皮细胞小水肿、干燥、角膜炎症及溃疡等，同时还可损伤视网膜及视神经。辐射线能毫不费力地穿透眼表组织，损伤眼的成像功能，导致视网膜萎缩、视神经紊乱及其血液供应循环障碍等，乃至眼底病变，使视力下降，甚至引发白内障等更严重的疾病。

我在临床上遇到这种病人，经常会建议他们饮用菊花茶。一谈到菊花，人们就知道赏菊、品菊、赞菊，几千年来国人对菊花的喜爱从未消减过半分。但是作为一个医生，我知道菊花并不只具有独特的观赏性，还具有珍贵的药用价值。菊花性甘、微寒，具有散风热、清肝明目、消咳止痛的功效，用于治疗头痛眩晕、目赤肿痛、风热感冒等病症效果显著，还具有提神醒脑的功效。

喝菊花茶能够缓解眼部症状，从中医养生的角度讲，也是非常有道理的。九月属秋天，秋天对应的是肺，属金，肝属木，金能克木。秋天肺气较胜，易伤肝，肝开窍于目，所以此时更易出现眼干、眼涩等症状。菊花入肝经，经常喝菊花茶能清肝，缓解眼部的不适症状。

我周围有许多整天对着电脑的白领朋友们，由于我学医的缘

故，他们有什么问题经常求助于我。他们经常用电脑，眼部经常干涩，所以我常建议他们备点菊花、枸杞子、决明子来泡水，以清肝明目，缓解眼部不适症状。据他们讲，喝了一段时间后，他们的眼干眼涩等症状较之前有明显的减轻，而且此茶似乎还有提神之功效。泡茶看似容易，但是材料的选取也是要十分注意的。

菊花的种类很多，选取时需要根据不同的需要进行。清肝明目泡茶用的主要是白菊、黄菊。这两种菊花都有疏散风热、清肝明目、清热解毒的功效。白菊花味甘，清热力稍弱，常用于清肝明目；黄菊花味苦，泄热力较强，常用于疏散风热。所以建议选用杭白菊，效用较高。

特别要提到的是杭白菊中的胎菊，选用的是未开放的杭白菊花蕾，含有丰富的菊苷、氨基酸及多种维生素和微量元素，具有更高的饮用价值。枸杞子则以宁夏中宁县出产的药效最好，质量最高。决明子则选用籽粒饱满者即可。

但是，喝菊花茶时有一些禁忌需要注意：

1. 隔夜菊花茶会因氧化而变绿，这时茶就已经变性了，不能饮用。

2. 夏季温度高，茶水易变质，如果搁置了 24 小时以上，最好不喝，否则会引起腹泻。

3. 菊花会引起过敏性结膜炎。菊花可以引起严重过敏性结膜炎，尤其是曾经有过枯草热性过敏性结膜炎病史的人需要特别注意，因为这种人服用菊花也容易引起过敏反应。

4. 菊花性微寒，阳虚体质的人、脾胃虚寒者不宜过量饮用。

睡不好，没精神，就喝"灵芝大枣汤"

说到灵芝，很多人会觉得是非常神奇的东西。尤其是古代的一些传说中，说它能起死回生。比如说，在《白蛇传》里，八月中秋，白素贞和许仙一起赏月，共度良宵。两个人在一起非常高兴，就边赏月边饮酒。结果，白素贞不胜酒力，喝多以后现出了原形。一条巨大的白蛇出现在许仙面前，一下就把许仙给吓死了。为此，白素贞与妹妹小青大战护山仙童，最后终得千年灵芝，把许仙救活。

虽然灵芝没有起死回生之效，但是它确实有补气安神的作用。

当我感觉自己记忆力不好，或者身体免疫力低下的时候，我都会买点灵芝，回来用开水冲泡代茶饮。喝一段时间，症状都会得到明显的改善。它的效果就是这么神奇。

另外，如果我遇到肿瘤病人的时候，也会推荐他们用灵芝泡水喝，因为经研究发现，灵芝抗癌的效果也非常好。中医认为，灵芝在中药中属无毒之上品，具有益气养血、健脾安神的功效，能增强人体的卫外固内之能力，扶正祛邪，从而增强人体的免疫力，对抗肿瘤。

曾经有人做了个实验，先把两组小鼠都接种上肿瘤细胞，然后给其中一组小鼠灌胃灵芝制剂，十几天后没有灌胃灵芝制剂的小鼠肿瘤细胞大量增生，很快将危及生命，而灌胃灵芝制剂的小鼠肿瘤细胞得到抑制，生存质量比对照组明显提高。

现代研究发现，灵芝之所以"灵"，这主要是因为它独有的有效活性成分。其中的多糖体、核苷类、三萜类（灵芝酸）在抗肿瘤、预防心血管等疾病上的作用非常突出，很多中药材与食材都无法媲美。灵芝在食疗养生方面作用也十分突出，具有养肝护肝、提高免疫力、增强记忆力、防癌抗癌、安神镇定、开胃消食、降血糖、止咳、抗衰老、促进睡眠的作用，可以说是养身、保健、治病的佳品。

给大家推荐个小验方吧，当我们工作累了或睡眠不好的时候，可以用"灵芝大枣汤"来安神定志，补气健脾，增强自己的免疫力。

具体做法是：

【灵芝大枣汤】

灵芝 20 克、大枣 50 克、蜂蜜 5 克、水 400 毫升（一个人的量）。煮至 200 毫升，取汁服用即可。

还可以根据体质情况的不同酌情添加一些东西，例如脾胃不好的可加入茯苓，睡眠不好加入酸枣仁，乏力短气加入黄芪等。

灵芝味甘，性平，一般人群皆可食用，对于虚劳、咳嗽、气喘、失眠、消化不良皆有效果，恶性肿瘤患者更宜食用。

不过，婴幼儿以及手术前、后一周内的病人，患有痛风或服用过凝血剂的病人要慎用灵芝。

脾胃虚、肚子胀，常吃"荠菜煮鸡蛋"

有些人可能知道荠菜，心里会说，这跟庄稼地里的杂草一样，有什么可吃的？其实不然，它可是一种味道极其鲜美且营养价值极高的田间珍馐。中医认为，荠菜味甘、淡，性偏凉，药食两用，具有和脾清热利湿、凉血止血、清肝明目、健胃消食的功效。

从养生的角度来讲，春季对应的是肝脏，而"肝属木、脾属土"，在春天，人容易因肝气旺盛而损伤脾气。这时候吃点荠菜，既能补脾，还可以清肝，一举两得。

"残雪初消荠满园"，每年三月一开春，我就会到山上去挖荠菜。花上个把小时，就能挖上一袋子。回来以后，把它择洗干净，一般我会做荠菜煮鸡蛋，具体做法如下：

【荠菜煮鸡蛋】

准备荠菜1把、鸡蛋5～6个、八角2个、姜4片、盐和酱油适量。

将摘来的荠菜洗净，放在一边。将鸡蛋洗净，然后放入锅中煮一会儿，将水倒掉。

重新加入开水、姜片、八角，和荠菜一起煮，将鸡蛋用铁勺敲破，加入适量盐、酱油，等水开了，盖上锅盖，焖一会儿，鸡蛋熟了即可吃了。

另外，我还用荠菜摊煎饼吃，口感也相当好，下面是具体做法：

【荠菜摊煎饼】

准备荠菜 500 克、小麦面粉 200 克、鸡蛋 2 个、辅料油适量、盐适量、姜适量、五香粉适量。

将荠菜择好后清洗干净，用开水焯烫后，捞出晾凉，切碎，加入盐、五香粉、姜末，加入面粉和鸡蛋，加适量的水搅拌成糊，摊入锅中，做成厚薄合适的圆饼状，放少量油先煎一面，煎好后翻面，两面煎好即可。

其实，吃荠菜养生可不是我发明的。民间食用荠菜历史悠久，方法更是多种多样，不但普通百姓食用，皇帝大臣、达官贵人也吃。在咱们国家很多地方都流传着"三月三，荠菜当灵丹"这句民间谚语。

当然，如果你觉得荠菜只能用作食疗，那就错了，它入药效果也非常好。比如，李时珍的《本草纲目》中就有用"荠菜粥"来治疗水肿、吐血、便血、尿血、目赤目暗等病症的记载。

现代研究也发现，荠菜中人体必需氨基酸、钙、维生素 C、胡萝卜素等的含量非常高，具有预防癌症、干眼病、夜盲症、降低血压等作用。另外，荠菜含有大量的粗纤维，食用后可增强大肠蠕动，促进消化吸收，增进新陈代谢，有助于防治高血压、冠心病、肥胖症、糖尿病、肠癌及痔疮等。如果您有以上不适，也可以多吃些荠菜。

当然，荠菜虽贵为"灵丹草"，但不是任何人都可以随便吃的，**荠菜味甘、淡，性偏凉，脾胃较虚弱、便溏者不宜大量食用荠菜。**

乌白发，缓衰老，"神果桑椹"离不了

每年五六月，有一种野果我是必吃的，那就是桑椹。不仅如此，有些朋友、信徒来拜访我时，我也会极力跟他们推荐桑椹。今年春天，有一个青年作家小何来找我写如何养生的文章，我将桑椹拿给他吃。他也直呼好吃！

我为什么这么推崇桑椹呢？原因很简单，它滋补肝肾的效果比较好。桑椹乌发的效果非常好，所以有的地方也叫"乌果"。桑椹的做法非常多，从最简单的桑椹泡茶，到桑椹干、桑椹膏、桑椹粥等等，其已经融入了生活中的方方面面。曾经有报道，有一个村被誉为长寿村，后来有专家做调查，推测长寿的原因很可能与经常食用桑椹有关。现代研究也表明桑椹中含有多种功能性成分，如芦丁、花青素、白黎芦醇等，具有良好的防癌、抗衰老、抗溃疡、抗病毒等作用。

给大家讲两个关于桑椹的故事吧。

第一个跟神农有关。相传很久很久以前，神农氏就生活居住在古黎大地。那时神农氏经常外出尝百草，教人们用草药治病。一天，当神农走在浊漳河沿岸的百谷山一带时，由于天气炎热，肚中饥饿，昏倒在一颗桑树下。

时值桑树成熟时期，满树的桑椹果子红中泛紫，煞是喜人。桑椹是一种鲜艳之物，凭经验，一般此类植物都有剧毒，是不能食用的。神农氏仰躺在树的下面，微闭着双眼，打着呼噜，渐渐进入梦乡。

忽然，一个酸甜可口的东西落在他的口中，借着梦中的幻想，他美美地吃着，品着。一觉醒来，他一边回味着梦中的情景，一边用手擦拭着嘴角，发现手上沾满了紫红色的汁液。他看了看树上的小鸟，又看了看手中的汁液，思忖开了，莫非树上鲜艳的果子可以食用？

他下意识地体察着身体的反应，除了酸甜的美味外，没有其他什么不适应的症状。于是他又尝试着从树上摘了几颗放入口中，仍没有什么不适的反应。后来他又加大食量，还是没发现有什么异常。

第二天，他再次确定食用桑椹没有什么异常反应后，就带着几个同伴来到浊漳河畔的百谷山，把树上和树下的紫红桑椹果子收集起来，育苗、栽植。几年光景，古黎大地的河岸、山丘、沟坎便有了成片的桑林。

其实早在两千多年前，桑椹已经成为了我国帝王的御用补品，而且还真的救了一个皇帝的命。

传说历史上汉代皇帝刘秀被王莽追杀，与部队走散，饥饿难耐，靠的就是这桑椹救的他的命。后来，刘秀当了皇帝，还专门命人去给此树挂了金牌。历史上的传说虽然滑稽，但其能与帝王相联系，足见其重要地位。

作为医生我知道，桑椹性味甘寒，具有滋补肝肾，养血益阴，乌须生发，祛风安神，生津润燥的功效。记得我曾经有个病人，年纪轻轻的就开始出现白头发了，而且一天比一天多，我用了很多方法，效果总是不理想，之后我让他加服桑椹膏。加服之后，情况好转明显，经过半年的调养，白发逐渐变为了黑发。现在我在治疗须发早白时，经常会推荐病人加服桑椹膏。

下面我和大家分享一下这个药膳：

【桑椹膏】

取桑椹1000克（干品500克）、黑芝麻150克（研细末）、核桃仁150克（研细末）、蜂蜜500克。

将桑椹洗净，放砂锅内加两碗水煎煮2次，每次煮沸后换成小火再煎30分钟倒出，合并2次煎液，再以小火煎熬浓缩至稠黏。

加入芝麻、核桃仁、蜂蜜，再稍煮片刻停火，待凉后装瓶备用。每次服1勺，每日3次，直接食用即可。

桑椹鲜甜可口，一般人群均可食用，但大家食用时也应注意：桑椹未成熟的不能吃；熬桑椹膏时忌用铁器；儿童不宜过食桑椹，过量食用后容易引发胃肠道疾病，影响孩子生长发育；桑椹性味甘寒，脾虚便溏者亦不宜多食桑椹；桑椹含糖量高，糖尿病人应忌食。